T0163980

QU'EST-CE QU'UNE FRONTIÈRE ?

CHEMINS PHILOSOPHIQUES

Collection dirigée par Magali BESSONE et Roger POUIVET

Solange CHAVEL

QU'EST-CE QU'UNE FRONTIÈRE ?

PARIS

LIBRAIRIE PHILOSOPHIQUE J. VRIN

6 place de la Sorbonne, V e

2023

Georg Simmel, *Sociologie. Études sur les formes de la socialisation*,
trad. Lilyane Deroche-Gurcel et Sibylle Muller, p. 605-608
© 2013 Presses Universitaires de France, pour la traduction française

Joseph Carens, « Étrangers et citoyens : un plaidoyer en faveur de
l'ouverture des frontières », trad. M. Rüegger,
Raisons politiques n°26, 2007/2, p. 33-36
© 2007 Presses de la Fondation nationale des Sciences Politiques

© *Librairie Philosophique J. VRIN*, 2023
Imprimé en France
ISSN 1762-7184
ISBN 978-2-7116-3114-8
www.vrin.fr

QU'EST-CE QU'UNE FRONTIÈRE ?

INTRODUCTION

L'EXPÉRIENCE D'UNE VIOLENCE INSCRITE DANS L'ESPACE

Les images que le terme de « frontière » évoque aujourd'hui sont bien souvent des images violentes. Parler de frontière, c'est invoquer l'image de représentants d'un État, « monopole de la violence légitime »[1], qui exercent cette violence contre des ressortissants d'un autre État. Or, les exemples abondent où cette violence d'État est exercée précisément contre des individus qui se trouvent dans une position évidente de besoin et de vulnérabilité, remettant immédiatement en question sa prétention à la « légitimité ». Lorsqu'il s'agit d'opposer la force de l'État à quelques civils isolés, lorsque la puissance institutionnelle est mobilisée contre la vulnérabilité individuelle, quel sens y a-t-il à parler de « légitimité » ? Quand, en novembre 2021, quelques milliers de personnes sont massées à la frontière polonaise, dans le froid, sans toit ni vivres, pris en tenaille entre gardes-frontières polonais et biélorusses, la violence qu'exercent les États correspond peut-être au droit réel, mais a-t-elle un quelconque rapport avec la justice ?

1. M. Weber, *Le Savant et le politique* (1919), trad. fr. C. Colliot-Thélène, Paris, La Découverte, 2003.

Autant dire qu'il est difficile d'aborder la question de la frontière sans mobiliser en même temps une considérable charge émotionnelle, faite de pitié, de colère et, en deçà, de peur. Chargée émotionnellement, la frontière l'est aussi normativement : elle touche profondément notre sens du juste et de l'injuste, avec un évident potentiel de remise en question de l'ordre établi et de nos formulations actuelles de la justice politique.

Cette remise en question de nos paradigmes politiques suscite volontiers une lecture binaire, « pour » ou « contre » les frontières. Dans une lecture où la frontière elle-même est assimilée à l'État-nation, selon le point de vue du spectateur et selon que l'émotion dominante sera la peur ou la pitié, la réaction pourra être soit favorable, la frontière devenant un rempart nécessaire contre le risque d'anarchie ; soit critique, la frontière incarnant un ordre politique fondamentalement vicié, qui ne peut être réformé que par l'abolition pure et simple de la frontière dans sa fonction de contrôle de la mobilité.

Une réflexion sur les frontières aujourd'hui doit affronter ce point de départ profondément dérangeant : une des expériences dominantes de la frontière aujourd'hui est bien celle de la violence d'État, l'un des symptômes des profondes inégalités dont est pétri notre monde qui continue à séparer les destins en fonction de l'arbitraire absolu du lieu de naissance sur le globe. La frontière symbolise alors ce qui ne va pas dans les relations entre les collectifs humains : elle est le signe de l'échec à réguler les relations humaines par autre chose que le rapport de force.

Il faut faire droit à cette expérience. La frontière n'est pas un objet froid. Ce n'est pas d'abord un objet de curiosité intellectuelle, mais une provocation à l'action : avant même de demander « que sont les frontières ? », nous cherchons à déterminer « ce que nous jugeons juste de faire avec les frontières » d'un point de vue éthique et politique.

Mais la frontière est un objet complexe. On n'arrivera à trouver de chemin vers une réponse constructive à la question « que faire ? » que si l'on prend le temps de la curiosité pour déplier, sous l'image dominante de la frontière nationale, l'existence d'autres manifestations des frontières – si l'on prend le temps de poser la question « qu'est-ce que la frontière ? » dans toute sa multiplicité. Les frontières ont une réalité humaine plus diverse, plus subtile et plus nuancée que leur incarnation révoltante dans le fil barbelé : c'est cette réalité qu'il faut d'abord chercher à comprendre si l'on veut pouvoir avancer vers quelque chose qui commence à ressembler à une justice des frontières. Les deux extraits commentés dans ce volume sont précisément choisis pour permettre au lecteur d'adopter ces deux points de vue : l'extrait de Georg Simmel prend le temps d'observer la complexité du phénomène social de la frontière, tandis que l'extrait de Joseph Carens étudie l'expérience politique des frontières dans le contexte des migrations internationales contemporaines.

En préambule à ces deux extraits, la présente introduction propose un parcours en quelques étapes : après avoir reconnu le profond désarroi que suscite la question aujourd'hui, nous observerons quelques-unes des multiples incarnations de la frontière. En suspendant un instant les considérations normatives et la question « que faire ? » nous chercherons d'abord à décrire pour comprendre. Car il y a à la fois une diversité des manifestations des frontières et une dynamique commune de leur fonctionnement que l'on peut révéler avec profit. Il se dégagera de cette exploration une image plus nuancée et la frontière y apparaîtra aussi comme un instrument de configurations sociales plus compatibles avec notre sens de la justice. Cette étape ouvrira pour finir à une reformulation de la question normative initiale. L'objectif est de passer d'une alternative stricte (« faut-il être pour ou contre l'ouverture des frontières ? ») à une formulation plus nuancée et, on l'espère, plus à même de servir de boussole pour l'action politique et sociale aujourd'hui : « quels régimes frontaliers sont préférables aux autres et quelles sont les conditions favorables à leur établissement ? ».

LA DIVERSITÉ DES FRONTIÈRES : ÉLARGIR LE CONCEPT

La première étape de notre parcours consistera à enrichir le concept de frontière en observant la diversité de ses manifestations. Oui, en effet, la frontière brutale de l'État-nation, avec ses fusils, ses gardes-frontières et ses fils barbelés est bien l'une des manifestations de la frontière ; c'est celle que le texte de Joseph Carens, second extrait proposé dans cet ouvrage, nous proposera d'interroger. Mais la frontière violente de l'État-nation contemporain, dans un contexte d'inégalités mondiales exacerbées, n'est que l'une des incarnations possibles de la frontière. Nous chercherons pour commencer à identifier d'autres expériences de la frontière, pour voir en quoi elles diffèrent de cette première image, et quelles caractéristiques elles partagent avec elle. La question de la violence et du rapport de forces n'en sera jamais totalement absente, mais elle prendra des visages différents et se déploiera à des échelles géographiques et institutionnelles variées.

Commençons par sortir du monde humain pour voir si, de l'extérieur, nous pouvons y repérer quelques caractéristiques importantes de la frontière. Situons-nous pendant quelques instants dans ce monde infra-politique des animaux non-humains où, pour reprendre l'image d'Aristote, la « voix » permet d'exprimer la souffrance et le plaisir, mais non encore le juste et l'injuste[1]. Que pouvons-nous apprendre sur nos frontières humaines en observant des manifestations infra-politiques de la frontière ? Imaginons l'expérience familière : un charmant rouge-gorge vient vous saluer sur votre balcon. Quelques minutes plus tard, vous voyez votre nouvel ami en train d'attaquer férocement un congénère. Les rouges-gorges, comme nombre d'espèces, sont territoriaux : chaque mâle défend un territoire et des confrontations ont lieu lorsque ses limites sont transgressées. Depuis la fin des années

---

1. Aristote, *Les Politiques*, I, 2, trad. fr. P. Pellegrin, Paris, Flammarion, 2015, p. 90-92. « Certes la voix est le signe du douloureux et de l'agréable, aussi la rencontre-t-on chez les animaux ; leur nature, en effet, est parvenue jusqu'au point d'éprouver la sensation du douloureux et de l'agréable et de se les signifier mutuellement. Mais le langage existe en vue de manifester l'avantageux et le nuisible, et par suite aussi le juste et l'injuste. »

1960, les éthologues décrivent cette territorialité de certaines espèces d'oiseaux, qui projettent sur l'espace la défense d'un territoire délimité par ce que nous pouvons reconnaître comme une « frontière », en l'absence même d'institutions politiques et de relations juridiques. Plusieurs caractéristiques fondamentales du concept apparaissent dans cet exemple de frontière ramenée à sa plus simple expression, infra-juridique, de contrôle d'un territoire.

D'abord, la frontière est à l'évidence liée à un enjeu d'accès à une ou des ressources d'intérêt : en l'occurrence, pour le rouge-gorge, une zone d'accès à la nourriture. Les éthologues étudient comment l'étendue de la frontière et l'énergie mise à sa défense sont corrélées à la rareté des ressources disponibles – toutes choses égales par ailleurs, plus les ressources sont abondantes en proportion des animaux, plus la frontière est poreuse[1]. Transposées dans le monde humain, ces considérations nous placent d'emblée sur le terrain de la justice *distributive*. La frontière juridique dans le monde humain, qu'il s'agisse de la frontière internationale entre deux États-nations ou d'une frontière infra-nationale comme une limite de propriété privée, est d'abord un instrument de régulation d'accès aux ressources, qu'elles soient matérielles (terres, aliments, etc.) ou non (protection d'un État de droit fonctionnel, etc.). La difficulté, sur laquelle nous reviendrons plus loin, est précisément que nos théories de la justice distributive

1. Voir notamment les travaux de J. Brown, « Territorial behavior and population regulation in birds : a review and re-evaluation », *The Wilson Bulletin*, vol. 81, 3, 1969.

semblent fonctionner relativement bien à l'intérieur des limites d'un État, mais semblent déficientes et partielles lorsqu'il s'agit de raisonner dans le contexte des mobilités internationales.

Un deuxième élément évident dans notre exemple banal du rouge-gorge est que la frontière n'est pertinente que pour certains acteurs et dans certains contextes. Cette frontière particulière, qui a une réalité aiguë et existentielle pour les rouges-gorges, n'en a pas pour nous humains. De même, le rouge-gorge n'attaquera pas un animal d'une autre espèce. C'est là un point essentiel : la frontière sépare, mais elle suppose une *homogénéité* entre les acteurs. Nous y reviendrons plus loin : il est essentiel au concept que la frontière sépare ce qui est le même – ou qui pourrait facilement le devenir.

Un troisième élément qui s'impose est que la frontière a une dimension dynamique : elle existe parce qu'elle est défendue et contestée au cours du temps. Elle a une réalité transitoire, qui est celle de l'existence d'un rapport de forces actuel, qui sera nécessairement altéré dans le temps. Lorsque le rouge-gorge vieillit et meurt, la frontière de son territoire s'effrite et s'évanouit. Nous reviendrons ainsi spécifiquement sur cet aspect dynamique de la frontière pour observer la manière dont les frontières se créent et se défont, s'activent et se dissolvent.

Dans cet exemple infra-juridique, la frontière existe dans le rapport de forces, toujours re-négocié, entre des animaux qui se partagent une ressource d'intérêt. Les frontières humaines partagent ces caractéristiques de base, mais sont complexifiées par deux éléments fondamentaux : d'une part, le fait que les institutions – ces normes humaines qui permettent de perpétuer des comportements dans le temps – donnent aux frontières une réalité qui va bien au-delà de la capacité physique d'un animal individuel à défendre son territoire ; d'autre part, le fait que, parce que nous sommes précisément dans le domaine humain, il devient possible de poser la question du juste et de l'injuste. La question de ce qui fait la légitimité de la frontière devient non seulement pertinente, mais cruciale.

Poursuivons cette exploration empirique de la frontière, en nous situant cette fois résolument dans le monde humain, qui articule considérations de force et considérations de droit. Pour le faire, il peut être utile de discuter trois idées reçues sur les frontières, trois évidences apparentes qui empêchent souvent de saisir la frontière dans toute sa subtilité : la frontière serait une ligne ; la frontière séparerait deux entités distinctes et différentes ; la frontière n'existerait que par son contrôle.

La frontière est-elle
une ligne physique sans épaisseur ?

Une première idée reçue à corriger est celle de la frontière comme ligne. Parce que nous assimilons la frontière à l'État-nation et que nous représentons les États-nations sur des cartes, nous pensons spontanément la frontière sous la figure d'une ligne sans épaisseur. Et il est vrai que la frontière *peut* prendre cette forme : il arrive effectivement qu'elle se réduise à la réalité géométrique de la ligne sans épaisseur. Mais il y a deux conditions à cela : d'abord, que le point où s'arrête la zone de compétence d'une des parties prenantes, et où commence l'autre, soit parfaitement clair ; ensuite, que toutes les activités possiblement régulées aient la même frontière, c'est-à-dire qu'il y ait coïncidence entre la juridiction politique, financière, militaire, etc.

Cette frontière-ligne est en réalité plutôt le cas limite que le cas général. De fait, les historiens rappellent que cette idée d'une univocité de la frontière est fondamentalement moderne : l'espace institutionnel médiéval, par exemple, comme le rappelle la sociologue Saskia Sassen[1], est au contraire un espace où la délimitation du territoire varie fondamentalement selon la nature de l'activité régulée : la juridiction financière ne correspond pas forcément à la juridiction religieuse, qui elle-même ne correspond pas à la juridiction militaire, etc. De fait, une manière de décrire le processus de constitution des États modernes est précisément d'y voir un effort progressif pour faire coïncider les limites de ces différentes strates d'organisation de l'activité humaine. Cet effort s'accompagne typiquement d'un travail sur les frontières des pratiques culturelles et symboliques. Les historiens ont ainsi documenté comment le mouvement de constitution des États européens au XIXᵉ siècle est tout à la fois un processus institutionnel, militaire et culturel. On fait correspondre les limites politiques du territoire à des limites linguistiques,

---

1. S. Sassen, *Territory, Authority, Rights : From Medieval to Global Assemblages*, Princeton, Princeton University Press, 2008.

culturelles et identitaires, qui mobilisent la grammaire[1], la musique[2], la littérature[3] pour constituer un État-nation homogène.

Souligner que la frontière « ligne » résulte d'un effort de longue haleine pour organiser et aligner les juridictions de différentes activités humaines revient à reconnaître que la frontière peut se caractériser par son « épaisseur ». Il peut ainsi exister une frontière sans qu'il existe de ligne de démarcation. C'est ce que constatent les géographes lorsqu'ils articulent le phénomène de constitution d'une frontière en trois temps : détermination, délimitation et démarcation. Un long laps de temps peut séparer la première étape de la troisième : un exemple devenu canonique parmi les amateurs de frontière vient de la très belle étude de Sahlins[4] sur l'histoire du petit bout de frontière qui sépare la France et l'Espagne du côté de la Catalogne et du Roussillon, en Cerdagne. La *détermination* de la frontière a eu lieu à cet endroit lors du traité des Pyrénées en 1659 ; l'accord précis sur la *délimitation* de la frontière n'a été définitif qu'à l'occasion du traité de Bayonne, en 1868 ; ce traité a précédé le *bornage* physique de

1. Voir par exemple, voir S. Wright, « Language and nation building in Europe », *in* B. Kortmann, J. van der Auwera (eds.), *The Languages and Linguistics of Europe : A Comprehensive Guide*, Berlin, De Gruyter Mouton, 2011, p. 775-788.

2. Par exemple, voir B. Curtis, *Music Makes the Nation : Nationalist Composers and Nation Building in Nineteenth-Century Europe*, Amherst, Cambria Press, 2009.

3. Voir le numéro spécial de *Neohelicon*, « World Literature and the Strategies of Nation-Building », novembre 2022.

4. P. Sahlins, *Boundaries. The Making of France and Spain in the Pyrenees*, Berkeley, University of California Press, 1991.

la frontière, c'est-à-dire la démarcation. La frontière peut très bien exister alors même qu'elle n'a pas atteint l'étape du bornage, ni même celle de la délimitation précise. Entre 1659 et 1868, la frontière produit des effets tout à fait tangibles en termes politiques, culturels, linguistiques et identitaires. Mais elle n'a rien de linéaire : c'est une zone épaisse et largement fluctuante.

Un autre exemple de cette réalité de la frontière épaisse est celle du *no man's land*, dont l'une des manifestations modernes est l'espace qui séparait, pendant la première guerre mondiale, deux lignes de tranchées. Le *no man's land* existe en grande partie parce que le tracé précis de la frontière est possiblement contesté : dans ce cas, plus la frontière est débattue, plus elle aura précisément tendance à s'épaissir en créant une zone tampon qui n'appartient ni à l'un ni à l'autre, et dont une fonction essentielle est de maintenir la distance, en évitant une confrontation directe et permanente. La zone tampon est une manière de reconnaître que le conflit existe, mais de le tenir à distance. L'épaisseur de la frontière crée entre les deux régimes normatifs qui existent de part et d'autre un troisième régime normatif – qui est peut-être l'exemple le plus proche de ce que les philosophes politiques imaginent comme l'état de nature. N'étant à personne, le *no man's land* est cet espace abyssal où prévaut une réalité hobbesienne, où la vie humaine est « solitaire, misérable, dangereuse, animale et brève »[1].

---

1. Hobbes, *Léviathan*, livre I, chapitre 13, trad. fr. F. Tricaud, Paris, Flammarion, 2017.

Une autre variante un peu moins radicale du *no man's land* est le *limes* romain ou chinois – le système de fortifications établi aux confins de l'empire. Le *limes* marque bien la limite d'une souveraineté et le début d'une autre, mais il n'est justement pas une ligne sans épaisseur. Sur la représentation idéalisée de la carte, on peut entretenir l'illusion que la frontière est la ligne droite qui rejoint deux éléments de fortifications. Mais sur le terrain, ce chapelet de défenses est tout sauf une limite géographique nette : c'est au contraire une zone floue, contestée, mouvante, et où les deux souverainetés qui existent de part et d'autre s'effilochent et perdent de leur force parce qu'elles sont loin du centre du pouvoir.

Cette manifestation de la frontière comme zone épaisse est particulièrement instructive, parce qu'elle nous montre que la frontière existe au sein d'un système de forces profondément dynamique : le *limes* montre que le pouvoir ne s'exerce pas de manière parfaitement homogène sur l'ensemble du territoire. Au contraire, il est fréquent que la souveraineté existe de manière beaucoup plus forte et effective dans certaines zones, alors qu'elle est incertaine, contestée, faible dans d'autres zones. Cette réalité de la frontière comme zone épaisse où se dilue un pouvoir et où commence un autre peut être illustrée à travers un exemple fictionnel, celui de l'imaginaire mobilisé dans la série *Game of Thrones*. Dans cet univers fictif, une différence profonde existe entre les frontières des différents royaumes et le Mur érigé dans le Nord. Les frontières entre les différents royaumes traduisent parfaitement l'imaginaire dominant des frontières contemporaines de l'État-nation : on peut les représenter comme des

lignes sur des cartes et elles marquent nettement la
fin d'une souveraineté et le début d'une autre. Elles
peuvent bien sûr être contestées par la violence – et le
sont d'ailleurs fréquemment – mais il s'agit toujours
de s'assurer qu'existe une et une seule souveraineté à
un moment donné sur un territoire, sans ambiguïté. Le
Mur représente un visage tout différent de la frontière :
il ouvre non pas directement sur un autre royaume,
mais sur un *no man's land*, une zone contestée où l'on
ne s'aventure qu'à ses risques et périls, parce que ce
qui prévaut n'est pas une autre souveraineté, mais pas
de souveraineté du tout – non pas un autre droit, mais
l'absence totale de droit[1].

Cette épaisseur de la frontière n'existe pas
seulement sous cette forme vide du *no man's land* ou
la forme de souveraineté dégradée du *limes*. La zone
frontière peut avoir une réalité en soi. Les sociologues
et anthropologues contemporains qui étudient les
frontières proposent ainsi le concept de *borderlands*[2]
qui désigne le terrain frontalier comme cette zone
épaisse où s'exerce la fonction de filtre sur les biens et les
personnes, mais où s'interpénètrent aussi partiellement
les deux réalités sociales que la frontière sépare et
protège. La frontière est à la fois un filtre et une zone
d'échange. Cette épaisseur de la frontière se traduit

1. Cette distinction est plus sensible en anglais, où existe à la
fois le terme « *border* », qui désigne typiquement la frontière entre
deux États de nature homogène, et le terme « *frontier* », qui désigne
la frange indéterminée qui sépare l'espace civilisé de l'espace encore
vierge – avec le paradigme de la conquête de l'Ouest américain et de
sa « *frontier* » mouvante.
2. Voir E. Brunet-Jailly, « Special Section : Borders, Borderlands
and Theory : An Introduction », *Geopolitics*, vol. 16, 1, 2011.

dans les formes de vie qui s'y déroulent. Un bon exemple vient de la frontière contemporaine entre les États-Unis et le Mexique : sans même penser aux cas de franchissement légal ou illégal de la frontière qui nous retiendront pour finir, l'existence de la frontière crée une altération des identités et des modes de vie. Les sociologues et ethnographes qui travaillent dans la région parlent d'une identité particulière pour ceux qui habitent à la frontière : ce sont les *fronteros*[1]. La frontière dans ce cas n'est pas seulement une ligne, c'est un espace qui est constitué par la coupure ou la dissymétrie.

Dans ce cas, la frontière a une existence en soi, mais elle est fortement structurée par son rapport au centre du pouvoir, par un jeu dynamique entre centre et périphérie. Revenons au cas de la Cerdagne, au cœur de l'analyse de Sahlins[2], et qui est particulièrement éclairant sur ce point. La frontière se situe, à grande échelle, dans les Pyrénées et l'intention première de Mazarin et de son homologue espagnol était effectivement d'utiliser la chaîne de montagnes comme une « frontière naturelle ». Le problème est qu'à cet endroit précis des Pyrénées, une série de lignes de failles sud-ouest/ nord-est brouillent la netteté des cimes, à tel point que la délimitation de la frontière a été l'objet de négociations dont le résultat

---

1. Voir G. Anzaldúa, *Borderlands/la frontera : the new mestiza*, San Francisco, Spinsters/Aunt Lute, 1987.
2. Sur ce même exemple, voir aussi L. Dornel, « La frontière (le voisin) et l'étranger. Les enjeux identitaires d'un conflit frontalier », *Revue d'Histoire du XIXᵉ siècle*, vol. 24, 1, 2003, p. 111-124.

a été de faire passer celle-ci au milieu d'une plaine[1]. L'habitat est le même de part et d'autre de la frontière, les populations sont homogènes par leur culture, par leurs activités, par leur mode d'existence. Mais l'apparition de la frontière à partir de 1659 a créé un jeu d'identités contraposées par lequel se constituent, d'un côté, des Français, de l'autre, des Espagnols, même si l'identité locale catalane ne disparaît pas comme telle. L'existence de la frontière permet un renvoi possible à la juridiction nationale qui offre un certain type de recours en cas de conflit : si des pasteurs ont un contentieux à propos de pâtures ou de points d'eau, le fait de pouvoir recourir à l'entité nationale « France » est l'une des stratégies possibles pour chercher à arbitrer le différend, et contribue à façonner l'identité des groupes. Dans ce cas, la frontière ne se définit pas seulement par la ligne mais par la manière dont elle affecte le territoire autour d'elle, par la manière dont elle contribue à une certaine organisation politique, façonne une identité, donne forme à l'ensemble des groupes humains qui vivent à proximité.

L'image de la frontière comme ligne idéale n'est donc pas tant fausse que partielle. Loin d'être une manifestation typique du concept, elle en est plutôt un cas limite. La frontière se comprend beaucoup mieux comme un espace épais, qui crée sa propre réalité dynamique.

---

1. Certaines cartes de l'époque, reproduites dans l'ouvrage de Peter Sahlins cité plus haut, corrigent la géographie pour la faire correspondre à la politique et font figurer des montagnes là où il n'y en a pas, comme pour justifier ou légitimer la position de la frontière.

La frontière sépare-t-elle ce qui est différent ?

La deuxième idée à discuter est celle selon laquelle une frontière séparerait deux entités distinctes et différentes. Et pourtant, si les entités étaient véritablement distinctes et différentes, la frontière serait précisément inutile – elle serait une « limite », pas une « frontière ». Avant de commenter plus avant ce couple de mots, il est important de noter que le vocabulaire lui-même est fluctuant et que différents termes seront employés de différentes façons. Ce qui importe ici est le rôle conceptuel joué par les termes. La « limite » s'appliquerait donc au constat d'une différence de nature : elle marque le fait qu'une certaine réalité a une extension finie dans l'espace. La table de travail a une limite dans l'espace. Après la table, c'est le mur. Mais il n'y a pas – en tout cas pas habituel-lement et pas nécessairement – de frontière entre le mur et la table. La raison pour laquelle il n'y en a pas, c'est qu'il n'y a pas de rapport de force actif entre le mur et la table. Imaginons maintenant qu'un enfant joue aux petites voitures sur la table et le mur, et décide qu'à l'angle de séparation se trouvent deux territoires. On pourrait imaginer alors qu'il y a « frontière » puisque potentiellement les petites voitures peuvent rouler d'un côté et de l'autre. Il y a besoin de la frontière, parce qu'il y a besoin de marquer une différence entre deux choses qui pourraient être parfaitement homogènes. D'où l'idée qu'une frontière sépare précisément ce qui est le même – sinon on n'en aurait justement pas besoin. On n'a besoin d'ériger de mur de défense que parce que sans lui le territoire serait poreux. De cette différence entre limite et frontière ressort donc l'idée qu'une frontière est une polarité activement maintenue entre deux choses qui pourraient se fondre l'une dans l'autre. La frontière est donc tout à la fois division et relation[1].

De plus, une fois instaurée, la frontière a pour effet de produire et d'accentuer la différence : les réalités séparées par la frontière en viennent à se distinguer toujours davantage. Comme des espèces qui se trouvent séparées dans des écosystèmes différents et qui en viennent à évoluer séparément, les collectifs séparés par des frontières en viennent souvent à accentuer leur différence. En un sens, on a besoin de la frontière pour créer une distinction et la maintenir : c'est précisément l'une de ses fonctions. Il y a besoin de maintenir activement la frontière parce qu'il y a justement la possibilité que les deux côtés s'homogénéisent.

Cette différence entre limite et frontière met en valeur une autre caractéristique déterminante du concept de frontière : la frontière est une réalité profondément institutionnelle.

La frontière n'existe-t-elle que par son contrôle effectif?

La troisième idée reçue est celle selon laquelle une frontière n'existerait que par son contrôle effectif sur place. Cette idée semble bien être la conséquence naturelle de ce qui précède : si une frontière sépare des choses qui sont essentiellement semblables, d'une part ; et si une frontière est avant tout une délimitation institutionnelle entre des groupes humains, d'autre part ;

1. Sur cette idée, voir M. Agier, *Les Migrants et nous*, Paris, CNRS Éditions, 2016.

alors il semblerait qu'une frontière ne puisse effectivement exister que si elle est contrôlée. En fait, c'est
une idée à la fois vraie et fausse. Elle est vraie dans le
sens où, si un groupe n'est pas en mesure de défendre
une frontière, la frontière n'existe que sur le papier,
et elle n'a pas grand sens. Cette idée est illustrée par
l'absurde par l'exemple des territoires qui échappent au
contrôle effectif des États qui sont censés y exercer la
souveraineté – zones urbaines passées sous le contrôle
de groupes criminels ou régions contrôlées par un
mouvement d'opposition.

Mais c'est aussi partiellement faux si on pense que
l'efficacité d'une frontière se mesure nécessairement *sur
place*. Or précisément l'effectivité d'une frontière ne se
mesure pas nécessairement à cet endroit géographique
précis. Elle est plutôt le résultat de la force générale de
la juridiction qu'elle borne. Il y a des frontières bien
réelles, très efficaces, dans le sens où vous changez
effectivement de juridiction lorsque vous les traversez,
alors même qu'il n'y a aucun contrôle à la frontière
elle-même. Cela vaut également en sens inverse : le
fait de militariser une frontière est bien souvent le
signe précisément de sa fragilité. La grande muraille de
Chine en offre un très bon exemple. Souvent considérée
comme l'exemple même du mur frontière, elle traduit
une réalité bien différente. Quand on regarde le tracé de
la grande muraille au cours du temps, on se rend compte
que c'est tout sauf une frontière stable et nette. C'est
une défense, extrêmement mouvante et peu efficace,
qui est le signe même que le pouvoir ne contrôle pas
bien ces zones.

D'où la notion proposée initialement par Chris
Rumford de *borderwork*[1] : la frontière est le résultat
d'un travail, d'un effort, mais cet effort ne se traduit pas
par un contrôle constamment actualisé, et ne s'exerce
pas nécessairement à l'endroit géographique précis où
passe la frontière[2]. Sa réalité est avant tout dynamique
et non statique. Ces différentes caractéristiques feront
précisément tout l'intérêt du texte de Georg Simmel,
commenté plus loin, et qui débouche sur une définition
éclairante : la frontière est la « représentation spatiale
d'interactions sociales ».

Une fois munis de cette définition, il apparaît que
la frontière nationale n'est qu'une des incarnations
possibles de la frontière. Celle-ci se décline à des
échelles infra- ou supra-nationales. Prenons quelques
exemples de ces jeux frontaliers à d'autres échelles. Le
plus frappant peut-être, parce qu'il reproduit celui de la
migration internationale à une autre échelle, est celui
de la régulation de la mobilité interne. La régulation
de la mobilité existe à bien des échelles, et secrète en
permanence des frontières, comme le montre l'exemple
des États qui ont une forme ou une autre de permis de
résidence interne. Ainsi, en Union Soviétique existait
la « propiska » – un passeport intérieur qui limitait

1. C. Rumford, « Introduction : Citizens and Borderwork in
Europe », *Space and Polity*, vol. 12, 1, 2008.
2. Ce qui renvoie aux réflexions de Louis Marin sur le pouvoir :
« Pouvoir, c'est d'abord être en état d'exercer une action sur quelque
chose ou quelqu'un ; *non pas agir ou faire, mais en avoir la puissance*,
avoir cette force de faire ou d'agir. » (« Le pouvoir et ses représentations »
(1980), dans A. Cantillon, G. Careri, J.-P. Cavaillé, P.-A. Fabre, F. Marin
(éd.), *Politiques de la représentation*, Paris, Collège International de
Philosophie, Kimé, 2005, p. 73-74.)

et régulait les déplacements à l'intérieur du pays[1]. L'existence de cette pratique dessine de fait une série de frontières à un niveau national, qui sont autant de limites aux déplacements légitimes. On y retrouve les caractéristiques énoncées plus haut : la frontière sépare ce qui est le « même », dans le sens où elle empêche précisément la circulation entre des territoires qui sont physiquement et naturellement accessibles et homogènes ; elle régule l'accès à des ressources – en l'occurrence, les biens, services et droits associés à un certain district (logement, travail, protection policière, etc.) ; enfin elle a besoin d'être « défendue » pour exister réellement. Il faut qu'existe un contrôle (ou la possibilité d'un contrôle) et des punitions en cas de transgression (ou la possibilité de transgression) pour qu'elle continue à fonctionner comme frontière. De fait, l'exemple peut être généralisé : partout où existe un frein artificiel à la mobilité, existe de fait quelque chose qui fonctionne comme une frontière. Le portillon du métro est une frontière : bien moins dramatique que le mur mexico-américain, mais une frontière tout de même dans les faits. Toutes les juridictions politiques, dans la mesure où elles ont une actualité et définissent territorialement qui peut ou non accéder à certaines ressources, sont donc ainsi définies par des frontières.

La frontière nationale contemporaine n'est donc pas la seule manifestation de la frontière. Des manifestations de la frontière sont parfaitement reconnaissables à

1. Voir N. Moine, « Le système des passeports à l'époque stalinienne. De la purge des grandes villes au morcellement du territoire, 1932-1953 », *Revue d'histoire moderne et contemporaine*, vol. 1, 50-1, 2003.

d'autres échelles, dans d'autres contextes et même en dehors du monde humain. Elles partagent avec la frontière nationale la question de la gestion du rapport de forces, mais la multiplicité même de ces manifestations montre qu'il ne sera sans doute pas facile de se défaire simplement de la frontière ou de les déclarer « ouvertes » par un *fiat* : la frontière est profondément inhérente à la vie sociale d'animaux – y compris des êtres humains – qui se partagent des ressources sur un territoire donné. La conséquence de ces caractéristiques, c'est que la frontière n'est justement jamais complètement opaque. Elle est un filtre et pas un bloc homogène : elle se définit autant par ce qu'elle laisse passer que par ce qu'elle exclut. C'est précisément ce qui suscite le sentiment d'injustice du départ du texte : de quel droit refoule-t-on certains quand d'autres peuvent passer ?

QUE PEUT-ON FAIRE AVEC UNE FRONTIÈRE ?
LA FRONTIÈRE COMME FRONT,
LA FRONTIÈRE COMME FILTRE

La partie précédente s'employait à observer la phénoménologie des frontières de manière essentiellement statique. Mais précisément parce que les frontières sont le résultat d'un rapport de force et d'un effort d'actualisation constant, on ne les comprend bien que si on les décrit aussi dans leur dynamique au cours du temps : en observant comment elles se font, se défont, s'activent et s'annulent ; et en analysant comment on peut les utiliser et ce qu'on peut en faire. C'est à la dynamique de la frontière qu'est consacrée cette seconde section de l'introduction.

En préalable à cette analyse, proposons un principe d'interprétation : une frontière a pour fonction de maintenir une distinction entre des espaces où les « règles du jeu » – les normes qui s'appliquent aux comportements – sont différentes alors même qu'elles pourraient théoriquement être semblables. Pour employer une métaphore biologique, la frontière joue le rôle des membranes cellulaires : elle maintient des conditions d'homéostasie en créant une différence de milieu de part et d'autre. Si on file cette métaphore, on peut en dériver quelques principes utiles pour comprendre la dynamique de la frontière : de même que maintenir la frontière cellulaire requiert de l'énergie, de même le maintien de la frontière socio-politique est un effort. Elle résulte de l'équilibre entre l'interne et l'externe : l'interne qui cherche à maintenir ses conditions d'homéostasie et l'externe qui cherche à briser ou à dissoudre la frontière. Mais de même qu'une frontière cellulaire est poreuse et permet à la fois de protéger et d'organiser les échanges, une frontière institutionnelle humaine est à la fois une paroi et un filtre. Et tout comme la ligne sans épaisseur n'est qu'une figure limite de la frontière dont la plupart des manifestations sont épaisses, l'étanchéité totale n'est qu'une incarnation exceptionnelle de la frontière dont les manifestations courantes sont au contraire caractérisées par la porosité, mais une porosité réglée et organisée.

On peut alors distinguer deux logiques d'action principales : faire jouer la frontière comme un front, dans une logique d'extension ou de protection ; ou faire jouer la frontière comme un filtre, dans une logique de sélection[1]. Dans le premier cas, ce que vous cherchez à maîtriser, c'est l'étendue du territoire qu'englobe votre frontière. Dans le second cas, c'est le type d'échanges (biens, personnes, informations) qui pénètrent dans ce territoire.

La frontière comme front

On peut d'abord considérer que la frontière est la manifestation d'un rapport de force ou d'une recherche d'équilibre entre deux puissances qui ont une certaine extension territoriale. On peut alors agir sur la frontière dans la mesure où l'on peut en modifier l'extension territoriale. Dans ce paradigme, la frontière est simplement l'extrême limite d'une zone où valent certaines règles du jeu. Elle est le symptôme du fait qu'il existe plusieurs groupes qui expriment (ou pourraient exprimer) une prétention à faire valoir leurs règles sur un territoire donné. De ce point de vue, ce que vous pouvez « faire » avec la frontière, c'est essayer de l'étendre ou, inversement, de la préserver contre la tentative d'extension de l'autre acteur. La frontière est dynamique parce qu'elle représente l'équilibre des forces à un moment donné dans le temps : si cet équilibre se modifie, la frontière se modifie aussi.

---

1. Sur cette distinction entre la frontière comme limite et la frontière comme filtre, voir les travaux de Stéphane Chauvier, par exemple « Cosmopolitisation des frontières ou marché des visas », 2018, hal-01846232 (consultable en suivant ce lien : https://hal.archives-ouvertes.fr/hal-01846232/document).

Cette conception peut bien sûr s'appliquer aux frontières nationales des États-nations. Mais elle s'applique également à d'autres échelles. Prenons le cas d'une frontière qui n'est justement pas nationale, mais purement sociologique. À Chicago, le campus de l'Université de Chicago détermine au sein de la ville un espace où les caractéristiques sociologiques de la population sont différentes des rues avoisinantes : origine, activité, moyens économiques, etc. On peut même indiquer assez nettement où commence et où s'arrête chaque territoire : pendant longtemps, par exemple, la 61ᵉ rue représentait la limite sud du campus, au-delà de laquelle il était recommandé aux étudiants de ne pas s'aventurer, et qui marquait la limite de la zone où pouvait opérer la police du campus. Dans une logique dynamique, que pouvez-vous donc « faire » avec cette frontière ? Vous pouvez la sécuriser, en plaçant un poste de police juste à l'angle entre la 61ᵉ rue et Cottage Grove. Vous pouvez aussi l'étendre – ce qu'a fait l'Université de Chicago en achetant des terrains au sud de la 61ᵉ rue, en y construisant des immeubles, y installant des étudiants et faisant intervenir la police de l'Université. C'est un cas très clair où la frontière joue son rôle classique de « front » mouvant, qui évolue ou se déplace. La « marge de manœuvre » des acteurs ici par rapport à la frontière est clairement de l'ordre du rapport de force, de la capacité à « tenir » un territoire, à y faire valoir ses règles.

On pourrait faire tout à fait le même genre d'analyse pour les frontières entre les quartiers de différents gangs, ou encore les frontières économiques qui fonctionnent selon les mêmes logiques : on étend la zone d'influence et de validité de certains types de règles, tout en repoussant d'autres règles. L'autorité qui opère ces manœuvres de déplacement peut être considérée comme légitime ou non, faire intervenir le droit ou le fait : la frontière marque l'équilibre provisoire d'une capacité d'action.

Un élément remarquable est que cette démarche ne peut fonctionner durablement que si elle ne se limite justement pas à une intervention localisée sur la frontière : elle doit au contraire être une intervention indirecte sur l'ensemble du territoire. La capacité à déplacer la frontière dépend de la capacité de moyen terme à assurer la prévalence des règles sur le territoire gagné. C'est pour cela qu'on ne peut pas déplacer les frontières trop vite de manière substantielle. Un très joli exemple en creux de ce type d'analyse peut être donné par les conquêtes d'Alexandre le Grand. La vision occidentale consiste à dire qu'Alexandre a élargi son empire en conquérant des terres jusqu'à l'Indus : ce serait là l'exemple étonnant d'un déplacement brutal et massif de frontières. Et la preuve même que ce déplacement de frontières a été trop brutal est qu'il n'a pas tenu : aussitôt Alexandre mort, son empire a été dépecé. Mais en réalité, la leçon est encore plus intéressante que cela. Alexandre n'a de fait déplacé aucune frontière. En observant une carte de l'empire achéménide, on constate que ses limites correspondent parfaitement à une carte de l'empire d'Alexandre à son apogée. Alexandre n'a en fait pas mis un pied en dehors des frontières déjà conquises par l'empire achéménide : autrement dit, ce n'est pas un conquérant. C'est la figure extrêmement classique d'un usurpateur, venu des confins de l'empire, qui a pris le contrôle d'un empire existant.

Toujours dans cette logique qui se concentre sur le territoire, il faut noter que l'on peut plus radicalement encore créer des frontières. Ainsi, tout au long du XIXᵉ et du XXᵉ siècles, les puissances européennes ont joué à tracer des frontières ou en faire disparaître. Cette manière de procéder a abouti à une vague de création de frontières, au sens précis des frontières westphaliennes de l'État-nation[1]. Un cas paradigmatique et souvent commenté est celui des frontières de l'Afrique. Prenons cependant un autre exemple, tout aussi bien documenté, qui met bien en lumière une certaine logique prédominante de l'État-nation, avec l'exemple des républiques d'Asie centrale à partir des années 1920. Cette fois, le recours à l'État-nation westphalien est explicité, puisque cela fait partie de la marche à suivre pour aller vers un espace non-national. Moscou détermine donc les frontières des républiques et demande aux habitants de déterminer une identité. Ce cas est fascinant, d'abord parce qu'il montre à l'œuvre l'idéologie de la frontière westphalienne, mais aussi parce qu'il donne un très bon exemple de ce qui, dans une frontière, est contrôlé directement, et de ce qui advient ou émerge sans qu'il puisse exister de

---

1. Les traités de Westphalie, signés en 1648, mettent fin à une série de conflits opposants les monarchies européennes. Ils sont souvent considérés comme le point de départ de la conception moderne de l'État souverain défini par des frontières géographiques (relativement) stables et clairement délimitées, et qui dont les fonctions régaliennes s'exercent sur un ensemble qui correspond (en théorie du moins) à une nation.

véritable contrôle politique. Ce qu'a pu faire Moscou, c'est tracer les frontières et déterminer les capitales. Mais ensuite, ce tracé des frontières a déclenché le jeu classique de formations d'identités contraposées dont le déroulement est imprévisible et incontrôlable : il est impossible de savoir *a priori* si les frontières vont créer des communautés divergentes (simplement par l'effet de rétrécissement des échanges économiques sur l'espace national) ou si les communautés séparées par la frontière vont continuer à se penser comme une et à voir la frontière comme une déchirure tragique. Les dynamiques sociales déclenchées par les frontières mêmes sont imprévisibles[1].

La frontière comme filtre

Dans cette seconde modalité, on essaie de faire jouer la frontière non pas dans une logique expansionniste, mais dans une logique de sélection : il s'agit de laisser entrer ce qui est jugé désirable tout en maintenant au-dehors ce qui est considéré comme nuisible. Quelle est la marge de manœuvre dans ce cas ? De quel choix un groupe donné dispose-t-il lorsqu'il essaie de faire jouer sa frontière territoriale comme un filtre ? Notons ici que nous n'entrons pas encore dans la question normative de savoir ce qu'il est légitime ou non de laisser entrer ou d'exclure – cette question occupera la fin de la présente introduction – mais nous contentons pour l'instant

1. Voir J. Thorez, « Les nouvelles frontières de l'Asie centrale : États, nations et régions en recomposition », *Cybergeo : European Journal of Geography* [En ligne], Politique, Culture, Représentations, document 534, mis en ligne le 25 mai 2011, consulté le 10 juillet 2022.

d'observer comment fonctionne cette modalité de la frontière comme filtre.

Considérons un exemple paradigmatique : la frontière USA-Mexique. Contrôler la frontière, dans ce cas, c'est essayer de s'approcher aussi près que possible d'un idéal selon lequel les seules personnes et les seuls biens qui entrent sur le territoire sont ceux qui y sont légalement autorisés. Les options dans ce cas tiennent au degré de sévérité du contrôle : on peut ne pas du tout contrôler à la frontière, et contrôler seulement dans le territoire ; on peut au contraire faire jouer à la frontière elle-même le rôle de filtre essentiel. C'est précisément le choix qui a été fait par les États-Unis au cours des trente dernières années : la pratique est explicitement passée d'un contrôle exercé sur le territoire à un contrôle massif à la frontière. L'Operation Blockade/Hold-the-Line à El Paso, conduite à la frontière entre les États-Unis et le Mexique à partir de septembre 1993 en est un exemple frappant. Le nouveau chef de la El Paso Border Patrol, Silvestre Reyes, a décidé en septembre 1993 de poster 400 gardes-frontière directement sur les bords du Rio Grande, de façon extrêmement visible, afin de décourager l'immigration illégale. Au lieu de contrôler les immigrants déjà entrés sur le territoire étasunien, comme c'était la pratique jusqu'alors, la patrouille s'est placée activement en position de barrière dans la zone urbaine dense entre Ciudad Juárez et El Paso.

Ce type de contrôle fonctionne-t-il en pratique ? Quels en sont les effets documentés ? Il y a effectivement eu moins de migrants, mais cette diminution a concerné autant les migrants légaux que les migrants illégaux ; il y a plus de morts à la frontière ; il y a surtout beaucoup moins d'allers-retours[1]. En effet, ceux qui ont réussi, légalement ou illégalement, à pénétrer aux USA ont eu davantage tendance à y demeurer, alors que la norme précédemment était des allers-retours fréquents. On a aussi documenté une forme d'antagonisation des communautés à la frontière, y compris au sein de la communauté mexicaine installée aux USA entre légaux et illégaux[2]. Dans toute cette tentative pour faire fonctionner la frontière comme un filtre « efficace », au sens où il traduit aussi parfaitement que possible le critère de sélection imaginé par les États-Unis, la métaphore de la mécanique des fluides est particulièrement prégnante, soit que, du côté des défenseurs de la politique frontalière stricte, on parle d'un « flux » à endiguer ; soit que, du côté des défenseurs du droit à la mobilité, on souligne le fait que l'eau trouve toujours des failles où s'infiltrer, et qu'une digue ne fait que détourner le courant puisqu'elle n'agit pas sur la source. Or, pour que la métaphore de la mécanique des fluides s'applique, il faut qu'existe un courant créé par une asymétrie : c'est bien cette asymétrie qui crée le problème à la frontière USA-Mexique plutôt qu'à la frontière USA-Canada – et qui suscite les efforts de construction de digues permettant de contenir de manière efficace le courant. On pourrait faire tout à fait le même type d'analyse dans le cas des frontières de l'Europe, qui permettent simplement de mieux souligner le fait que la marge de manœuvre de chaque État est en

1. D. Massey, C. Capoferro, « Measuring Undocumented Migration », *International Migration Review*, vol. 38, 3, 2004.
2. T. J. Dunn, *Blockading the Border and Human Rights*, Austin, University of Texas Press, 2009, p. 6.

réalité faible, car elle dépend directement de la politique frontalière des autres États. Pour prolonger la métaphore hydraulique, la migration est perçue comme un jeu de vases communicants, la frontière étant exactement aussi bien contrôlée que son maillon le plus « faible ».

Observons à l'œuvre ces mécanismes de filtres, régulant une frontière plus ou moins poreuse, sur un exemple différent de celui de l'État-nation contemporain. Autour des oasis d'Asie centrale, des murs de fortification ont visiblement existé durant toute l'Antiquité et jusqu'au Moyen Âge, par exemple autour de Samarkand. Les sociétés qui occupaient alors ces territoires étaient le plus souvent constituées de deux groupes sociaux bien distincts : des nomades, qui font paître leurs bêtes dans la steppe ; et des agriculteurs, qui exploitent des cultures irriguées. Or, on observe fréquemment sur ce territoire des murets bas, mais longs (jusqu'à des centaines de kilomètres), et qui séparent les zones irriguées des zones non irriguées. Leur fonction spécifique est encore controversée, mais une interprétation probable est que c'est une manière de visualiser dans l'espace deux zones juridiques. En cela, c'est un joli exemple de frontière filtre, puisque le mur permet l'interaction, tout en empêchant en pratique que les zones irriguées ne soient occupées par du bétail.

Pour conclure cette deuxième partie, rappelons les deux grands paradigmes de ce qu'il est possible de « faire » (ou de tenter de faire) avec une frontière. Le premier paradigme obéit d'abord à une logique extensive d'occupation du territoire et se sert de la frontière comme d'un marqueur d'un rapport de force avec la ou les autre(s) puissance(s) frontalière(s). Dans ce cas, on ne peut pas faire grand-chose avec la frontière directement : elle est seulement le symptôme de la capacité à tenir certaines règles sur un territoire donné. Le second paradigme est celui de la frontière filtre : la frontière sert de ligne de démarcation entre des biens et personnes désirables et indésirables à l'intérieur d'un territoire donné. La marge de manœuvre est celle entre un filtre totalement ouvert, qui laisse tout passer potentiellement, et un filtre hermétiquement fermé. La frontière filtre suppose souvent une vision de la mobilité humaine selon une métaphore hydraulique. Enfin, l'on constate fréquemment, toutes choses égales par ailleurs, que plus la frontière est fermée, plus les identités contraposées vont se durcir.

Qu'est-ce qu'une frontière juste ?
JUSTICE POLITIQUE ET RÉGIMES FRONTALIERS

*Deux angles pour poser
la question de la justice des frontières*

Les paragraphes précédents nous ont permis d'observer la diversité des frontières. Fruits des rapports entre collectifs humains qui se partagent des ressources, les frontières ont une dynamique propre qui peut être décrite à différentes échelles, en fonction des forces physiques et sociales qui s'opposent, s'ajustent, s'accommodent les unes aux autres. Nées de ces rapports, les frontières jouent un double rôle de limite réciproque (le « front »), mais aussi de zone d'échanges et d'interactions (le « filtre »).

Cette dernière section de l'introduction va au-delà de la vision descriptive adoptée jusqu'à présent pour revenir à la question normative de la justice des frontières. Quels cadres théoriques et quels principes peut-on mobiliser pour arriver à penser la justice des frontières ? Nous permettent-ils de donner une traduction politique au désarroi que nous décrivions au tout début de ce texte, afin d'identifier les conditions qui permettent d'établir des arrangements frontaliers un peu plus justes, ou un peu moins injustes ?

Si l'on observe la frontière sous son rôle de « front », la question sera celle de la justice du *tracé* et de son emplacement dans l'espace. Que l'on considère les frontières géopolitiques qui apparaissent sur la mappe-monde, ou les frontières sociales qui se déploient à des échelles infra-nationales, il s'agit alors de savoir si les frontières sont localisées au « bon » endroit. Si l'on considère en revanche la frontière comme « filtre », la question devient celle de la justice des régimes de *passage* des frontières et nous conduit au cœur des débats contemporains sur la régulation de la mobilité. Le cas des migrations internationales occupe alors le devant de la scène, avec la question de savoir s'il est possible d'imaginer une théorie solide de la justice politique capable d'embrasser les mouvements des ressortissants d'un État-nation à l'autre, ou bien si ces expériences tombent aujourd'hui dans un angle mort de nos théories de la justice[1]. La difficulté supplémentaire

---

1. Voir sur ce point l'article de W. Kymlicka, « Territorial boundaries. A liberal egalitarian perspective », *in* D. Miller, S. Hasmi (eds.), *Boundaries and Justice. Diverse Ethical Perspectives*, Princeton, Princeton University Press, 2001.

que pose ce deuxième angle de vue tient notamment à l'asymétrie entre les parties prenantes : un État d'un côté, un individu de l'autre.

Mais dans les deux cas, il s'agit toujours de dépasser un arbitraire fondamental : arbitraire et contingence des conflits historiques qui ont déterminé le tracé d'une frontière ; arbitraire et contingence du lieu de naissance qui détermine la possibilité pour un individu donné de se déplacer plus ou moins facilement sur la surface du globe.

La justice des délimitations frontalières ou l'origine introuvable : une question empoisonnée ?

Le tracé des frontières est-il vraiment une question qui peut être traitée dans les termes de la justice ? À observer l'histoire intellectuelle et politique, cela n'a rien d'évident. On observe bien plutôt une curieuse danse des concepts, qui nous conduit à des versions plus ou moins élaborées d'un droit du plus fort : serait juste, au fond, la capacité factuelle à maîtriser un territoire. Ainsi, lorsque les Nazis, pour justifier leurs agressions militaires et annexions territoriales, reprennent à leur compte le concept de « Lebensraum », initialement introduit au début du XXe siècle par le géographe Friedrich Ratzel[1], ils fournissent un exemple

---

1. L'histoire du concept de « Lebensraum » et de son usage au service de conceptions de plus en plus radicales et violentes est un exemple de la malléabilité de certains concepts clés. Au départ, dans le travail de Ratzel, « Lebensraum » traduit une vision de déterminisme environnemental et fortement nourrie de considérations biologiques (Ratzel est zoologue au départ, et ses écrits traduisent l'influence de

paradigmatique de la posture selon laquelle, en matière de frontières, le « naturel » (ou ce qu'on prétend être tel) est le juste. Empruntant une métaphore biologique, les peuples sont assimilés à des organismes vivants dont la survie dépend de l'accès à des ressources et dont l'expansion est aussi inévitable et irréprochable que le développement d'un animal. Entre les communautés politiques n'existerait qu'un rapport de forces qui n'est ni plus ni moins affaire de justice que la délimitation du territoire de deux groupes de prédateurs. Invoquer le vocabulaire du droit, de la justice pour chercher à légitimer le tracé des frontières autrement que par le fait de son contrôle, ce serait commettre une erreur de catégorie.

Cette difficulté à passer franchement du fait au droit n'a rien de propre au thème des frontières : toute théorie de la justice, quelle qu'elle soit, doit réussir à articuler force et justice. En un sens, on peut lire l'histoire du développement des formes politiques démocratiques, et une bonne partie de la philosophie politique occidentale, comme une réflexion sur les conditions qui permettent à la force d'être au service de considérations de justice qui lui sont indépendantes, plutôt que de n'être qu'un déguisement hypocrite du rapport de force. Or, dans la théorie de la justice classique, cette question est typiquement réglée par l'identification d'un « détenteur

---

Darwin et Haeckel) et qui repose sur une comparaison très discutable entre un peuple et une espèce biologique. Or ces écrits ont ensuite servi les justifications de la colonisation et de l'impérialisme, qui ont donné une aura de légitimité scientifique à des théories politiques. *Cf.* W. D. Smith, « Friedrich Ratzel and the Origins of Lebensraum », *German Studies Review*, vol. 3, 1,1980.

de la violence légitime », sur lequel repose tout entier la capacité de faire coïncider exercice de la force et légitimité en droit – ce qui explique précisément l'importance, dans la philosophie politique occidentale, des réflexions sur la *limitation* et l'équilibre des pouvoirs. C'est justement une des difficultés principales dans le cas des frontières internationales : s'il n'y a pas d'autorité légitime chargée de réconcilier force et justice, est-ce que le discours de la justice dans ce cas peut être autre chose qu'une aspiration vaine ?

De fait, l'histoire intellectuelle et politique regorge d'autres tentatives pour légitimer le tracé des frontières sans effectuer cette manœuvre de rabattement direct du droit sur le fait. Ces arguments sont-ils donc de nature à donner les prémisses d'une théorie de la justice des frontières ? Un type de tentative de justification particulièrement prégnant au cours de la constitution des États-nations européens au XIXᵉ siècle a consisté à recourir précisément à l'idée de frontières « naturelles » au sens de la géographie : un fleuve difficile à franchir, une chaîne de montagnes seraient des marqueurs spatiaux de l'étendue naturelle d'un peuple qui leur préexisterait, et qui chercherait simplement à trouver son assise logique[1]. La difficulté, cependant, est au moins triple. D'abord, les obstacles naturels sont intrinsèquement liés à un état de la technique : un fleuve n'est infranchissable que tant que vous n'avez pas de pont, et les chaînes

---

1. Pour approfondir ce thème dans le cas de l'histoire des frontières françaises, et avec une analyse de l'évolution des concepts de « frontière », « limite » et « barrière », voir notamment l'ouvrage de D. Nordman, *Frontières de France. De l'espace au territoire, XVIᵉ-XIXᵉ siècles*, Paris, Gallimard, 1999.

de montagne deviennent assez secondaires pour qui dispose de transport aérien. Ensuite, les frontières politiques sont manifestement complètement sous-déterminées par la géographie : pour une frontière qui passe nettement au milieu d'un fleuve puissant, combien passent au milieu d'un territoire parfaitement homogène géographiquement. De même, à la vision des Pyrénées comme la frontière « naturelle » entre l'Espagne et la France, on peut opposer celle des Pyrénées comme cœur battant de l'espace basque ou catalan. Enfin, cette explication repose moins sur la seule géographie que sur une combinaison entre des considérations géographiques et le présupposé de l'existence de « peuples », comme des entités constituées dont les États-nations exprimeraient enfin l'essence. À ce titre, la théorie des frontières naturelles est profondément liée à une certaine conception, contingente, de ce qui fait l'unité de la communauté politique : une conception marquée par l'idéal d'une superposition parfaite entre une langue, une culture, une histoire et un territoire.

L'axe principal de ces tentatives de justification des tracés des frontières tient à la recherche d'une *origine*, historique, géographique ou culturelle. Mais ces justifications tournent rapidement court : au lieu d'une légitimité, elles réussissent surtout à mettre en évidence la contingence de tout tracé. Face à l'impasse de cette tentative de justifier le tracé des frontières par un retour à une origine, on peut être tenté de conclure par un constat d'échec pur et simple. La quête de l'origine des tracés frontaliers serait nécessairement vouée à exhumer une violence initiale. La posture fait écho aux thèses célèbres de Rousseau qui voit dans la première appropriation la première injustice fondamentale :

> Le premier qui, ayant enclos un terrain, s'avisa de dire : Ceci est à moi, et trouva des gens assez simples pour le croire, fut le vrai fondateur de la société civile. Que de crimes, de guerres, de meurtres, que de misères et d'horreurs n'eût point épargnés au genre humain celui qui, arrachant les pieux ou comblant le fossé, eût crié à ses semblables : Gardez-vous d'écouter cet imposteur ; vous êtes perdus, si vous oubliez que les fruits sont à tous, et que la terre n'est à personne[1].

L'établissement des frontières de la société politique commencerait donc par une injustice originelle : il n'y a pas de bonne raison pour justifier l'établissement de limites autour de ce qui est un bien commun. Dans cette lecture, s'il est tout à fait correct logiquement de poser la question de la justice des délimitations frontalières – il ne s'agit pas d'une erreur de catégorie – celle-ci conduira nécessairement à une aporie : il n'y a pas, à l'origine, de délimitation frontalière qui ne soit pas le fruit d'une violence injustifiable.

Ce résultat décevant amène à une position de repli : faute de mieux, faisons « comme si » les limites actuelles étaient un fait légitime ; ne cherchons pas une origine historique juste ; cherchons seulement à réguler les modifications de tracé. Au fond, la question que nous posons dans cette section est toute pascalienne : est-il possible ou non d'échapper à la triste formule de

---

1. J.-J. Rousseau, *Discours sur l'origine et les fondements de l'inégalité parmi les hommes* (1755), Paris, Flammarion, 2011.

Pascal selon laquelle « n'ayant pu faire que le juste soit fort, on a fait en sorte que le fort soit juste »[1] ?

Cette position de repli prévaut largement dans le consensus politique international, tel qu'il émerge de la seconde guerre mondiale, et qui cherche avant tout à ne pas ouvrir la question de la justice de l'origine des tracés frontaliers. Essayer de corriger un tracé pour rétablir une justice historique, ce serait prendre le risque démesuré d'ouvrir une boîte de Pandore, puisque faire l'histoire des frontières existantes reconduira, tôt ou tard, à la violence, à la conquête, à l'usurpation. Si ce n'est pas dans le passé qu'on pourra trouver une solution à la question de la délimitation juste des frontières, mieux vaut s'accommoder de l'arbitraire existant et l'aménager pour que les situations qui en résultent soient vivables.

Si l'on renonce à la théorie de la justice de l'origine des *tracés* frontaliers, peut-on donc établir une justice des *modifications* frontalières ? Ainsi, la Convention de Montevideo, un des points d'appui de la Cour de Justice Internationale pour régler les différends frontaliers que les États souverains décident de lui soumettre, considère explicitement comme illégitimes une série de modalités de modifications des tracés frontaliers : « Les États contractants consacrent de façon définitive, comme norme de leur conduite, l'obligation précise de ne pas reconnaître les acquisitions de territoires ou d'avantages spéciaux obtenus par la force, soit qu'elle consiste en

1. Pascal, Pensée « Justice Force », liasse « Raisons des effets » : « Il faut donc mettre ensemble la justice et la force » mais « ne pouvant faire que ce qui est juste fût fort, on a fait que ce qui est fort fût juste ».

l'emploi des armes, en représentations diplomatiques comminatoires ou en tout autre moyen de coaction effective. »[1]. Il est donc reconnu que certaines modalités de modification des tracés frontaliers sont illégitimes : la force, l'agression, la modification unilatérale du *statu quo* – renvoyant de fait à des théories mobilisées depuis au moins le Moyen Âge pour caractériser la guerre « juste ». Dans le même temps, est aussi suggéré, en creux et beaucoup plus prudemment, qu'il pourrait exister des modalités légitimes de modifications de tracés : dans le cas où il n'y a pas de coercition, mais un consentement mutuel, soit entre deux pays, soit au sein d'un pays qui accepterait une scission[2].

La rareté même des référendums d'auto-détermination témoigne précisément de la préférence de la communauté internationale pour la préservation du *statu quo* : on semble vivre dans un monde encore largement hobbesien, où la crainte du chaos et de l'anarchie conduit à privilégier une posture conservatrice en faveur de l'état actuel des tracés – si douteuses que puissent être leurs origines. Cette préférence de la communauté internationale pour l'immuabilité des frontières semble à la fois entêtée et vaine : celles-ci, en réalité, ne cessent d'évoluer. Il y a même là une forme de

1. Article 11. Source : http://danielturpqc.org/upload/Convention_concernant_les_droits_et_devoirs_des_Etats_Convention_de_Montevideo_1933.pdf
2. Dernier exemple en date de ce type de situation : en 2011, la République du Soudan du Sud a été créée à la suite d'un référendum d'auto-détermination, devenant l'un des plus récents États souverains créés jouissant d'une large reconnaissance de la communauté internationale. Plus largement, voir https://www.icj-cij.org/fr/liste-des-affaires.

paradoxe souligné par le géographe Michel Foucher dans son ouvrage de 2007, *L'Obsession des frontières* : alors que l'évolution des tracés frontaliers rencontre une forte résistance de la communauté internationale, le constat est celui d'une « production continue des frontières politiques »[1]. Depuis la fin de la seconde guerre mondiale, puis à nouveau depuis la fin des années 1990 une série de processus plus ou moins violents, plus ou moins contestés, ont créé des milliers de kilomètres de frontières interétatiques. L'actualité européenne récente, au début 2022, au moment où cette introduction est écrite, en offre un autre et tragique exemple.

Recherche obstinée de fixité mais réalité fluide : ce phénomène paradoxal est particulièrement intéressant dans le cas de frontières qui ne sont pas encore délimitées. En effet, si la surface terrestre est aujourd'hui presque entièrement appropriée[2], depuis que l'espace est accessible à l'exploration humaine, l'espace et les corps célestes offrent un nouvel exemple fascinant de cette dialectique entre le fait et le droit, la force et la justice, que nous explorons depuis le début de ce chapitre.

1. M. Foucher, *L'Obsession des Frontières*, Paris, Perrin, 2007.
2. À l'exception de la terre Marie Byrd, en Antarctique, qui se singularise par l'existence d'un large consensus interétatique pour renoncer à toute revendication à son égard ; ou de cas encore plus singuliers, comme cette petite surface de la frontière entre le Burkina Faso et le Niger qui n'était réclamée par aucun des deux pays, et qui a finalement été attribué au Niger par la Cour Internationale de Justice en 2013 à l'occasion du règlement d'un différend plus large.

La première tentative remonte aux années soixante : en 1967, prenant acte des nouvelles menaces créées par le développement de missiles balistiques intercontinentaux capables d'opérer depuis l'espace, le Traité de l'Espace prohibait l'utilisation de l'espace à des fins militaires. C'est bien le début d'un processus de régulation de l'accès à certains espaces, en l'occurrence pour tenter de résister à un processus d'appropriation, que les avancées technologiques étaient en train de faire doucement basculer de la science-fiction au champ du possible. En 1979, le Traité sur la Lune allait un pas plus loin en cherchant à réguler l'usage des corps célestes – aux premiers rangs desquels la Lune – en les soumettant à des principes de droit international. Par exemple, il stipule dans son Article 1er que la Lune doit être utilisée au bénéfice de l'ensemble des peuples. Comment interpréter ce type de déclaration, à la fois largement utilisée politiquement par les USA dans les années 1980, mais à ce jour toujours pas ratifiée par les États qui effectuent des vols habités ? Certains veulent y lire une avancée modeste, mais réelle, vers des relations internationales gouvernées par des considérations de justice ; d'autres n'y voient qu'un discours au mieux naïf et iréniste, au pire franchement cynique, et qui s'écroulera dès que les considérations techniques et les intérêts économiques l'emporteront. Mais ces interprétations s'accordent toutes à reconnaître que le traité était finalement d'autant plus facile à écrire qu'il était à l'époque difficile de véritablement militariser l'espace. D'où cette question lancinante : que se passe-t-il lorsque la possibilité pratique devient réalité ?

Cette histoire est en train de s'écrire sous nos yeux, alors que pas moins de cinq États déploient actuellement des programmes spatiaux pour envoyer des missions habitées sur Mars, et que l'exploitation des ressources spatiales fait l'objet de feuilles de route qui sont désormais tout sauf fantaisistes. Les *Artemis Accord*, préparés par la NASA et le Ministère de la défense des États-Unis, viennent alors à point nommé pour renforcer ces étapes précédentes et « établir un ensemble de principes communs pour régir l'exploration et l'usage civils de l'espace »[1]. Là encore, ces efforts appellent-ils une interprétation optimiste ou cynique ? Ils mettent surtout en évidence à quel point la possibilité de faire droit à des considérations de légitimité, justice et équité dans la répartition de ressources dépend d'une condition préalable : celle de disposer d'institutions suffisamment puissantes et établies pour imposer un autre type de rapport que le simple équilibre d'intérêts opposés. Pour le dire en d'autres termes : dans sa plus pure expression de « front », la frontière échappe aux considérations de justice – elle est le simple constat de l'équilibre des forces en présence ; pour qu'il y ait sens à l'examiner sous l'angle de considérations de légitimité et de justice, il faut qu'au préalable un consensus suffisamment puissant soit établi et respecté, qui ouvre un champ au discours normatif. Si, comme pour la théorie de la justice infra-nationale, « les conventions, sans l'épée, ne sont que des mots »[2], les considérations

---

1. Voir Nasa Artemis Accords : https://www.nasa.gov/specials/artemis-accords/index.html « *establish a common set of principles to govern the civil exploration and use of outer space* ».
2. Hobbes, *Léviathan*, trad. fr. F. Tricaud, Paris, Flammarion, 2017, chapitre 17.

sur la justice des évolutions de tracé, pour n'être pas totalement vaines, doivent réussir à montrer qu'elles ne sont pas seulement l'habillage de la force, mais qu'elles ont réussi à enrôler la force au service du droit.

À supposer que cette condition soit remplie, on voit que les justifications sur les tracés et leur évolution recourent naturellement à des considérations sur le juste accès à un minimum de ressources. De même que, dans la théorie classique de la justice, les théoriciens s'intéressaient aux conditions de l'appropriation légitime des biens et de la terre et à ses limites[1], de même les discussions sur les tracés frontaliers finissent par remonter à des discussions sur la régulation de l'accès aux ressources et donc, à des considérations de justice distributive. C'est précisément ici que la question de la justice du *tracé* des frontières rejoint en réalité la question de la justice des *passages* de frontière. Car si le point de départ du questionnement est différent, il finit par reconduire au même point : l'effort pour transposer les considérations de justice distributive sur la scène internationale. C'est ce que nous allons examiner pour finir.

La théorie de la justice
peut-elle dépasser les limites d'un État ?

Changeons donc une dernière fois d'angle de vue pour regarder les principes de justice qu'il est possible d'appliquer à la régulation de la mobilité

---

1. Ainsi, Locke considérait que l'appropriation des biens et du sol par le travail était légitime « dans la mesure où elle laisse des biens en quantité suffisante… » (voir *Second Traité du Gouvernement Civil*, trad. fr. D. Mazel, Paris, Flammarion, 1999, chapitre 5).

transfrontalière, c'est-à-dire à la frontière dans sa fonction de filtre. Dans sa plus simple expression, la question posée est celle de la légitimité d'un État à interdire l'entrée. Y a-t-il des conditions qui rendent une telle exclusion fondamentalement injustifiable ? Lorsqu'un État puissant refuse l'entrée à des individus qui sont manifestement dans le plus grand dénuement, peut-on décrire cela autrement que comme une manifestation criante de l'arbitraire et de l'injustice ?

Le droit international actuel : un droit d'émigrer sans droit d'immigrer

Posons les termes du débat dans le droit actuel. Reprenant les intuitions des philosophes des Lumières qui posaient le principe d'une liberté de mouvement des individus, parce que les gouvernements ne peuvent pas être considérés comme propriétaires de leur population, le droit international reconnaît un droit d'émigrer[1]. Mais il n'existe pas de droit d'immigrer correspondant. En d'autres termes, selon les normes juridiques existantes, un État n'a en théorie pas le droit d'interdire à l'un de ses ressortissants de franchir ses frontières[2], mais il n'a pas d'obligation symétrique d'accueillir celui qui choisirait d'émigrer.

---

1. *Déclaration Universelle des Droits de l'Homme*, article 14.
2. Même si la réalité est bien sûr tout à fait différente : les habitants de Corée du Nord ne peuvent quitter leur pays qu'à leurs risques et périls ; la mobilisation générale déclarée en février 2022 par le gouvernement ukrainien empêche aux hommes âgés de 18 à 60 ans de quitter le pays ; les restrictions à la mobilité imposées durant la pandémie de COVID-19 ont eu pour effet pratique d'empêcher l'exercice de ce droit, etc.

Le droit international reconnaît cependant une exception, dans la figure du réfugié. Ainsi, d'après la Convention de Genève de 1971 et le protocole de 1967[1] qui lui est lié (145 pays signataires), si un individu a des raisons de craindre une persécution dans son propre pays et que celui-ci est incapable de lui garantir protection, il a alors le droit de demander le statut de réfugié auprès d'un autre État. Évidemment, toute la question est de définir les circonstances qui permettent effectivement à une personne de réclamer ce droit : les textes rédigés sous l'égide des Nations Unies donnent un cadre général, que chaque pays s'emploie à préciser, généralement pour éviter une définition trop extensive. Par ailleurs, c'est également un cas où le droit existe sans qu'il puisse véritablement être opposé : le Haut-Commissariat aux Réfugiés a une fonction de supervision, mais ne peut pas imposer l'application de la convention. On voit à quel point la formulation juridique est incomplète, et l'écart important entre l'aspiration à garantir à chaque être humain la protection d'une communauté politique et sa traduction dans des mécanismes collectifs[2].

Les cadres normatifs existants, de fait, autorisent l'État souverain à définir librement qui entre sur

1. https://www.unhcr.org/protect/PROTECTION/3b66c2aa10.pdf.
2. *Cf.* J. Valluy : « Néanmoins, cet idéal du droit d'asile ne peut être mis en œuvre par les États qu'à travers un ensemble de règles créant des procédures et des institutions spécialisées pour l'examen des demandes d'asile, c'est-à-dire un droit de l'asile. Or celui-ci dépend des politiques menées par les États en fonction de considérations internationales et d'enjeux intérieurs, les unes et les autres sans grand rapport avec l'idéal évoqué. Rien ne garantit que le droit de l'asile soit orienté durablement par l'idéal du droit d'asile », *Rejet des exilés. Le grand retournement du droit d'asile*, Paris, Éditions du Croquant, 2009, p. 371.

son territoire. C'est dire que l'idée kantienne d'un
« droit de visite », proposée dans le *Traité sur la paix
perpétuelle*, reste aujourd'hui un horizon et pas une
réalité. Reprenons le passage de Kant :

> Hospitalité signifie donc ici le droit qu'a l'étranger, à son
> arrivée dans le territoire d'autrui, de ne pas y être traité
> en ennemi. On peut ne pas le recevoir si cela n'entraîne
> pas sa ruine ; mais on ne doit pas se montrer hostile
> envers lui aussi longtemps qu'il se tient paisiblement à
> sa place. L'étranger ne peut invoquer un droit d'accueil
> […], mais un droit de visite, le droit qu'a tout homme de
> se proposer comme membre de la société, en vertu du
> droit de commune possession de la surface de la Terre.

Dans ce passage, un cas est clair : celui où « ne
pas recevoir » l'étranger « entraînerait sa ruine ». Cela
correspond dans le vocabulaire contemporain à la situation des réfugiés, où Kant établit donc en creux un devoir
d'assistance. Qu'en est-il des autres cas ? Kant trace une
posture subtile où il n'y a pas d'obligation stricte d'accueil
– donc d'établissement durable – mais où il existe un
« droit de visite » qui permettrait donc momentanément
à un individu de « se proposer comme membre de la
société ». Toute la question est de savoir à quoi obligerait,
exactement, la reconnaissance de ce « droit de visite » :
non pas une obligation institutionnelle d'accueillir tous
ceux qui se présentent, mais un principe d'ouverture à
l'autre, qui s'exerce à l'échelle de l'individu. C'est une
des interprétations possibles du texte kantien : poser
un « droit de visite », c'est créer une situation où les
individus sont amenés à entrer en contact au-delà de
leurs concitoyens, suscitant des conditions favorables à

l'établissement de relations paisibles entre les nations[1]. Est-ce que cet horizon de conduite suffit? Ou faut-il chercher à institutionnaliser davantage une obligation des États d'ouvrir leurs frontières au-delà des cas où le refus d'accueillir « entraîne [la] ruine »?

À ce point du raisonnement, il est utile de faire un détour par ce qui constitue l'une des colonnes vertébrales de la philosophie politique occidentale depuis 1979. Rawls, dans la *Théorie de la Justice*, proposait deux principes de la justice politique : un principe d'égale liberté d'une part, et un principe de différence d'autre part, qui stipule que les inégalités ne sont justifiées que si elles profitent aux plus désavantagés. Or, de manière fameuse, la *Théorie de la Justice* limitait le raisonnement à une communauté politique unique. La

---

1. Sur ce point, voir la discussion proposée par « L'hospitalité, égalitaire et politique? », *Asylon(s)*, 13, Novembre 2014 – Septembre 2016, Trans-concepts : lexique théorique du contemporain, http:// www.reseau-terra.eu/article1326.html : « Sitôt que Kant confronte l'hospitalité aux contingences empiriques de la politique, il est contraint de dissocier celle-ci de la générosité d'une ouverture inconditionnelle à autrui. Une politique de l'hospitalité doit nécessairement prévoir des restrictions, inégalitaires par définition, dans l'application de son principe. Cette exclusion mutuelle des deux caractéristiques principales de l'hospitalité délimite l'espace de notre questionnement dans cet article : l'hospitalité peut-elle échapper à l'alternative qui fait d'elle soit une politique inégalitaire de l'accueil, soit un principe moral égalitaire mais apolitique? ». Voir aussi M. Deleixhe, « L'hospitalité, égalitaire et politique », *Asylon(s)*, vol. 13. 2014, http://www.reseau-terra.eu/article1326.html : « si l'hospitalité joue un rôle primordial dans le projet cosmopolitique, c'est parce qu'elle permet que se communiquent capillairement les normes juridiques préalables à la pacification des relations internationales selon un mouvement ascendant et polycentrique qui part des communautés politiques locales pour remonter vers la Société des Nations ».

question est donc simple : peut-on simplement élargir le champ d'application de ces deux principes à l'échelle internationale ? Existe-t-il quelque chose comme un « principe de différence » au-delà des frontières ?

Rawls lui-même, dans *Le Droit des peuples*, répond d'une manière essentiellement négative. Le point de départ de l'argumentation, et c'est un élément fonda-mental, est que chaque peuple est responsable de l'intégrité de son territoire et de son emploi, si bien qu'il ne peut pas faire peser sur les autres le poids des conséquences d'une mauvaise gestion de sa population, de son territoire et de ses ressources : « Un peuple ne peut pas compenser son irresponsabilité dans l'entretien de sa terre et de ressources naturelles par la conquête guerrière ou par la migration sur le territoire d'un autre peuple sans son consentement »[1]. Pour prendre une comparaison (que n'emploie pas Rawls), de même qu'un enfant est sous la responsabilité de ses parents – et qu'il ne relève de la responsabilité collective que s'il est orphelin ou que sa famille est gravement défaillante – de même un individu est-il d'abord sous la responsabilité de la communauté politique à laquelle il appartient, et ne relève-t-il de la responsabilité collective que s'il est apatride ou que sa communauté politique ne respecte pas ses droits fondamentaux. Rawls est tout à fait explicite sur le fait que, selon lui, l'essentiel des causes de la migration disparaîtrait dans « la société des peuples libéraux et décents »[2]. Le problème de la migration,

1. J. Rawls, *Le Droit des peuples* (1999), trad. fr. B. Guillarme, Paris, La Découverte, 2006, p. 54.
2. J. Rawls, *Le Droit des peuples*, *op. cit.*, p. 21-22.

en un sens, est un problème second dans la théorie de la justice, et une conséquence du fait que nous vivons dans des conditions non-idéales.

Le débat contemporain sur la justice migratoire peut se lire en partie comme une discussion de la validité de ce cadre rawlsien : d'un côté, certains soutiennent en effet que la définition même d'un État suppose la possibilité absolue d'exclure les non-ressortissants, hormis les cas extrêmes auxquels s'applique le statut de réfugié ; de l'autre, certains soutiennent que cet arbitraire est le signe de l'immaturité de nos théories politiques et doit être dépassé. Or, dans ce débat, des considérations empiriques souvent implicites revêtent un poids considérable. La question de la mobilité internationale et des migrations se pose sur un fond qui est, d'une part, celui de relations géopolitiques à nouveau particulièrement tendues entre les grandes puissances et, d'autre part, celui de profondes inégalités politiques et économiques construites progressivement au cours des trois derniers siècles, à mesure même que l'interdépendance sociale et économique des sociétés s'accroissait. Comme pour les questions éthiques, la dimension contextuelle est essentielle à la juste formulation normative des questions de frontière. On ne pose pas la question de la mobilité entre France et Allemagne, France et Japon, France et Bénin, France et Russie, France et Chine dans les mêmes termes : la régulation du droit de « visite » ou du droit à émigrer durablement est profondément influencée par la nature et l'histoire des relations entre les collectifs en question. Si le monde était fait de cités autonomes protégeant chacune les droits fondamentaux de leurs résidents, la question de la justice migratoire pourrait effectivement se réduire à celle de l'hospitalité. Mais dans un monde fait d'États à la fois profondément interdépendants, fortement inégalitaires et souvent incapables de protéger les droits fondamentaux, la question de la justice migratoire prend un visage tout différent.

Autrement dit, l'hypothèse proposée ici est que la question de la justice migratoire se pose avec acuité parce qu'il existe aujourd'hui un enjeu massif de justice redistributive. Ce n'est donc pas par hasard si les penseurs d'avant la révolution industrielle, jusqu'à Kant compris, n'ont pas tenté de théoriser autre chose que les devoirs d'hospitalité : le visage de la justice migratoire est résolument contemporain, et lié à un état empiriquement déterminé du monde actuel.

Un horizon de travail : des frontières
qui protègent la vulnérabilité ?

Cette formulation du débat de la justice des frontières nous conduit à mobiliser un autre type de métaphore : celle de la frontière comme couveuse, cette paroi protectrice qui défend une vie fragile contre des conditions encore trop rigoureuses et qui la menaceraient. On retrouve bien les caractéristiques essentielles de la frontière telles que décrites dans les sections précédentes : elle sépare un dedans et un dehors, elle joue un rôle de filtre et elle permet à des « règles du jeu » – en l'occurrence des conditions physiques – différentes de prévaloir de part et d'autre. Simplement, contrairement aux images qui ouvraient ce chapitre, la frontière-couveuse n'est pas l'instrument de l'oppression d'une vulnérabilité : elle est ce qui protège l'être vulnérable et lui permet de se renforcer peu à peu. Prise dans son sens premier, la couveuse est infra-politique. Mais une fois munis de cette métaphore, nous pouvons effectivement repérer des frontières semblables dans le monde socio-politique, à commencer par la frontière familière de la porte de la chambre, le mur du cloître ou du jardin qui définit un espace de paix contre le chaos du monde, les parois des maisons, etc. Il ne s'agit pas là de promouvoir une image naïve ou iréniste de la frontière : ces frontières aussi portent en elles une forme de violence potentielle car ces filtres ne fonctionnent que s'ils peuvent effectivement protéger contre l'intrusion.

Peut-on donc élargir cette fonction des frontières aux frontières entre États ? Peut-on imaginer la justice des frontières comme cet état où les frontières sont effectivement des parois qui protègent la fragilité plutôt que des remparts qui défendent des rentes ? La question que pose la frontière juste dans ce cas n'est donc pas celle de l'exclusion de la violence mais celle de la *direction* dans laquelle la violence peut potentiellement s'exercer : la frontière est-elle un instrument qui protège une vulnérabilité ? Ou est-elle la défense d'un privilège ?

Si l'on formule la question de la justice migratoire en ces termes, le débat théorique contemporain rejoint celui qui a eu lieu à la fin du XXᵉ siècle entre « cosmopolitisme » d'une part, qui cherche à étendre les principes de justice rawlsiens à la communauté internationale, et « communautarisme » de l'autre.

Restituons les éléments principaux de ce débat. Dans son ouvrage de 1983, *Sphères de justice*[1], Walzer a posé avec force les bases de l'argument communautariste qui veut que l'État, hors cas extrême des réfugiés, a le droit de décider souverainement d'ouvrir ou non ses portes aux étrangers. Pour Walzer, ce droit s'appuie sur le besoin de protéger quelque chose de précieux et fragile : la culture d'une communauté donnée. Dans ce cas, il s'agit bien de dire que les frontières sont légitimes parce qu'elles protègent une condition essentielle de la vie humaine bonne et qui peut être mise à mal par une ouverture trop large. Soulignons qu'il faut donner toute sa force à cet argument, loin de la version d'homme de paille d'un conservatisme culturel rigide. Il s'agit bien de défendre les frontières dans leur rôle de protection d'un bien fragile : certaines formes culturelles ne peuvent effectivement se développer et se conserver que dans des circonstances socio-politiques bien particulières. Un exemple bien documenté, par exemple, concerne les langues minoritaires : sans un effort marqué pour préserver l'usage de la langue minoritaire (notamment par des obligations d'apprentissage à l'école, accompagnée d'une politique culturelle volontariste) l'usage tend à s'en perdre en une ou deux générations. Autrement dit, si l'on admet que les individus n'ont de droits et d'autonomie que parce qu'ils bénéficient de conditions collectives qui leur sont favorables, il faut faire droit, au moins partiellement, à l'argument de Walzer : l'existence d'un corps collectif correctement

---

1. M. Walzer, *Sphères de justice*, trad. fr. P. Engel, Paris, Seuil, 2013.

structuré est bien une des conditions pour l'exercice des droits individuels. Toute la question va donc être celle de la *commensurabilité* de la vulnérabilité de l'individu et de la vulnérabilité de la communauté.

Dans ce débat complexe, parce que plongé dans une théorie « non idéale » qui demande une attention soigneuse aux considérations empiriques, on voudrait proposer moins une réponse univoque qu'une forme de guide de raisonnement fait de trois questions :

1. *Quelle est la réalité de la vulnérabilité de l'individu qui migre ?* C'est la première d'une longue liste de questions douloureuses, et qui est couramment posée, de manière extrême et tragique, pour toute personne demandant l'asile. Comme en témoigne Jérôme Valluy, elle signale surtout les lacunes conceptuelles aux fondements même de la pratique de l'asile :

> Nous n'arrivons à préciser ni ce qu'est une crainte raisonnable ni ce qu'est une véritable persécution. Or ce sont deux composantes centrales de la définition du réfugié qui font ainsi défaut. Cette carence conceptuelle et normative se traduit par des échanges brefs mais tendus en délibéré, sur les cas disputés, et des discussions sans fin en d'autres circonstances moins contraintes par le temps, dîners entre juges notamment. Face à chaque cas on peut se demander : a-t-il eu raison de quitter son pays ? Était-il vraiment persécuté ? Et ce n'est pas d'abord l'absence d'informations sur la réalité sociale concernée mais l'absence d'idée et de certitude sur ce qu'il y a lieu de mesurer qui empêche de répondre[1].

1. J. Valluy, *Rejet des exilés*, *op. cit.*, p. 95-96.

2. *Quel est le danger réel que fait peser sur la « culture »
du pays d'accueil la demande d'entrée* – puisque cette
question de la vulnérabilité culturelle est au cœur
des arguments communautaristes ? Deux pistes de
discussion s'ouvrent alors. La première consiste à
demander si cet argument de défense de la « culture »
peut être posé comme un absolu. Si une culture
donnée ne fait aucun droit à la pluralité, elle sera
immédiatement mise en danger par toute ouverture.
Mais, à supposer qu'une telle culture existe, est-ce une
raison suffisante pour considérer sa défense comme
légitime ? Pour prendre une comparaison : on pourrait
dire que l'élargissement progressif du suffrage dans
les pays démocratiques a constitué une remise en
cause radicale de la culture aristocratique. Est-ce une
raison pour exclure l'extension de la citoyenneté ?
De même, si certaines cultures n'existent que par
le maintien d'une asymétrie de droit, méritent-elles
d'être défendues ? La deuxième piste de discussion
consiste plus radicalement à contester l'usage
même du concept de « culture » ici, et à suggérer
qu'il serait plus utilement remplacé dans le raisonnement par le terme « institutions ». Des institutions
qui fonctionnent constituent un bien essentiel et
une condition de l'exercice des droits dans une
communauté. Elles sont effectivement fragiles et
précieuses, car des institutions qui jouent un rôle
émancipateur, protecteur ou égalitariste, peuvent être
dévoyées au cours du temps ou être érodées par des
intérêts divergents. Mais la valeur de ces institutions
ne suppose pas de postuler l'existence d'essences
culturelles monolithiques ou immuables.

3. *Quel est le degré d'interdépendance des sociétés concernées ?* La suggestion ici est que la justification de l'exclusion est d'autant plus nécessaire que les individus sont liés par une histoire commune d'inter-dépendance. La question cruciale devient : à qui est due la justification d'un certain régime frontalier ? Or, on peut argumenter, comme le fait par exemple le philosophe Arash Abizadeh, que la logique même des principes démocratiques pousse à conclure que cette justification est due non seulement aux citoyens du pays qui accueille ou refuse, mais aussi aux citoyens des pays affectés par le régime frontalier ainsi imposé :

> Quiconque accepte la théorie démocratique de la légitimité politique au sein d'un pays se trouve contraint de rejeter le droit national unilatéral à contrôler les frontières de l'État. Parce que le *démos* de la théorie démocratique est par principe illimité, le régime de contrôle des frontières doit être justifié démocratiquement auprès des étrangers comme des citoyens, *via* des institutions politiques auxquelles étrangers et citoyens peuvent prendre part[1].

Ce serait, au fond, une question de cohérence dans l'application des principes qui fondent la légitimité

---

1. A. Abizadeh, « Democratic Theory and Border Coercion. No Right to Unilaterally Control Your Own Border », *Political Theory*, vol. 36, 1, 2008 : « *Anyone accepting the democratic theory of political legitimation domestically is thereby committed to rejecting the unilateral domestic right to control state boundaries. Because the demos of democratic theory is in principle unbounded, the regime of boundary control must be democratically justified to foreigners as well as to citizens, in political institutions in which both foreigners and citizens can participate* ».

démocratique. Cette ligne d'argumentation conduit à redéfinir la communauté politique : le partage factuel d'intérêts est suffisant pour créer une communauté politique de justification et de légitimation.

Ces trois questions sont dérangeantes, d'abord parce qu'elles remettent en cause l'ordre établi, et ensuite parce qu'elles n'admettent pas de réponse absolue. Au contraire, elles ouvrent une étude éminemment contextuelle, sensible aux circonstances empiriques de chaque situation, aux contingences historiques des relations entre les pays. Devant cette difficulté, il est tentant de réagir par une forme d'impatience, en revenant à la facilité des principes exposés au début de la section : poser que la capacité d'exclure, hors cas extrêmes, fait partie de la définition même de l'État souverain, et classer l'affaire. Ce qu'on voudrait ici suggérer, c'est que la question de la justice frontalière – parce qu'elle est une question de théorie « non idéale » – nous demande d'abord la patience d'accepter des réponses complexes et circonstanciées. Les principales théories éthiques et politiques des migrations s'accordent au fond pour reconnaître que tout serait effectivement plus simple si nous étions dans les conditions de l'utopie réaliste rawlsienne de la société de « peuples décents ». Mais dans l'intervalle, l'enjeu est de réussir à s'accommoder d'un réel imparfait qui nous oblige à poser la question de la justice redistributive au-delà des frontières de la communauté politique. En l'absence d'autorité politique internationale surplombante, cette question est nécessairement résolue de manière bilatérale, au cas par cas, obligeant à une étude contextualisée de chaque situation. Elle conduit aussi à lier très fortement les questions de mobilité aux questions de stabilité politique et d'égalité économique internationale, indiquant une voie étroite pour parvenir à une situation qui puisse être considérée comme juste. C'est par exemple ce que suggère Jonathan Seglow, dans son article « The Ethics of Immigration », en invitant à s'orienter vers une pratique « de la justice redistributive globale plutôt que vers l'ouverture des frontières. Pour le dire brutalement, il vaut mieux déplacer les ressources vers les individus, que de permettre aux individus de se déplacer vers les ressources »[1]. Séduisante, cette transformation de la question n'en reste pas moins extrêmement exigeante tant les efforts pour transférer efficacement les ressources vers les individus vulnérables sont une entreprise semée d'embûches.

La boucle est bouclée : comme dans le cas de la justice du *tracé* des frontières, la question de la justice des *passages* de frontières finit par nous reconduire, obstinément, à la question de la justice redistributive, posée à l'échelle internationale. Nous avons évoqué rapidement ici une série de positions argumentatives concurrentes : du communautarisme qui justifie le droit d'exclure en vertu de la protection de ce bien essentiel qu'est une culture, à la défense d'un droit cosmopolitique à la mobilité fondée sur la logique même de la justification démocratique, en passant par la position intermédiaire qui prône une justice

---

1. J. Seglow, « The Ethics of Immigration », *Political Studies Review*, 2005 : « *to prefer global redistributive justice to open borders. To put it bluntly, it is better to shift resources to people rather than permitting people to shift themselves towards resources* ».

redistributive globale ambitieuse comme alternative à des frontières ouvertes.

Ces arguments sont aujourd'hui ouverts : nous n'avons pas de synthèse de la théorie de la justice des frontières qui s'apparente à ce que *A Theory of Justice* a proposé pour la démocratie contemporaine à la fin des années 1970. Les débats philosophiques et politiques contemporains sont profondément actifs : ils signalent une théorie normative qui cherche à s'adapter à une réalité mondiale à la fois extrêmement interconnectée et marquée par des inégalités profondes. À bien des égards, les débats autour de la justice migratoire et des frontières sont le « front » de la philosophie politique du XXIe siècle[1], de même que les débats sur l'accès à la citoyenneté pleine et entière ont été le front des débats politiques du XVIIIe au XXe siècle.

CONCLUSION

En 2017, durant l'un des pics de la crise syrienne, les amateurs de frontières pouvaient savourer la coexistence, sur plusieurs façades du quartier de la Barceloneta, de multiples drapeaux. Au drapeau jaune et bleu du quartier de la Barceloneta était souvent accolée la banderole « *Cap pis turistic* » (Ceci n'est pas un appartement pour touristes), témoignant de l'exaspération des locaux face aux vacanciers qui font monter le prix des loyers au point de déloger leurs premiers occupants. À leurs côtés,

---

1. Voir É. Balibar, *Les Frontières de la démocratie*, Paris, La Découverte, 2013.

la banderole bleue « *Casa nostra casa vostra / Volem acollir* » (Notre maison est la vôtre / Nous voulons accueillir) signalait un large mouvement de solidarité à l'égard des réfugiés syriens et côtoyait le drapeau strié de jaune et de rouge, au triangle bleu frappé d'une étoile blanche, symbole de l'indépendance catalane. En forçant un peu le trait : « établissons des frontières contre les touristes » ; « ouvrons les frontières aux réfugiés » ; « créons une frontière nationale entre l'Espagne et la Catalogne ». Cet exemple résume le premier objectif de cette introduction : démontrer que, même dans notre monde contemporain, le concept de frontière opère à des niveaux bien plus nombreux que le simple niveau national.

Le deuxième objectif de cette introduction était d'utiliser cette conception enrichie de la frontière pour affronter les questions de justice frontalière, en échappant à la solution binaire de la frontière nécessairement bonne ou mauvaise, ou simplement ouverte ou fermée. On a voulu suggérer que les frontières en elles-mêmes ne sont ni unanimement bonnes, ni unanimement mauvaises, mais qu'il existe des régimes frontaliers plus ou moins justifiables, selon qu'ils protègent la vulnérabilité ou qu'ils prolongent des rentes de situation.

Le troisième objectif enfin était de souligner que cette réflexion sur la justice des frontières opérait résolument dans ce que Rawls qualifie de théorie non idéale. En effet, si l'on postule une utopie réaliste où les peuples assurent chacun au sein de leurs frontières les droits fondamentaux de leurs résidents et ne menacent pas les frontières des autres États pour pallier leurs

problèmes internes, alors le problème du juste tracé
des frontières ou de leur régulation disparaît largement
comme problème de justice. À adopter ce raisonnement,
les dilemmes posés par les frontières ne surgissent que
parce que nous vivons dans une situation qui est pétrie
d'injustices et de violences.

Si cette analyse est correcte, la justice dans ce cas
commence sans doute par reconnaître le caractère
éminemment tragique des questions de justice frontalière,
dans le sens où ils nous confrontent nécessairement à
un arbitraire ou une injustice irréparables. Elle consiste
ensuite à travailler à éviter les circonstances mêmes
qui permettent à ces situations tragiques de voir le
jour – et c'est bien souvent ce que font les auteurs qui
réfléchissent sur les questions de justice migratoire,
en les associant très étroitement à des réflexions sur
la manière de corriger les inégalités globales. Enfin,
ce travail de longue haleine ne dispense certainement
pas de chercher des boussoles pour régler, sinon le plus
justement, du moins le moins injustement possible, les
questions de justice frontalière que notre situation réelle
et non idéale ne cesse de susciter. Je voudrais suggérer
pour finir que la question essentielle ici est d'identifier
correctement de quel côté tombe la charge de la preuve :
du côté de l'État, qui doit montrer que la porosité de la
frontière représente un danger vital pour sa capacité à
protéger le collectif politique ? Ou du côté de celui qui
demande à franchir la frontière, et qui doit montrer
que ses droits fondamentaux ne sont pas respectés ?
Pour le dire en d'autres termes : considère-t-on que
le droit à la liberté de mouvement est premier, et qu'il

est simplement limité par la possibilité de la violence ; ou bien que le droit d'exclure est premier, et qu'il est limité par les situations exceptionnelles de dénuement extrême ?

Face à l'asymétrie des situations et des forces, il me semble que la charge de la preuve devrait tomber bien plus souvent du côté des États, dont les arguments de défense de cultures vulnérables à la diversité servent bien souvent de prétexte au maintien de rentes de situation. Parce que nos sociétés contemporaines sont fortement interdépendantes, la métaphore du texte de Carens, dans le deuxième extrait proposé dans ce volume, touche juste : la citoyenneté s'apparente à un privilège arbitraire accordé par la naissance, semblable à la noblesse des sociétés féodales. En attendant qu'advienne un état du monde plus égalitaire qui annule la portée de ce privilège, la justice impose de faire porter la charge de la preuve du bon côté. Selon les mots de l'écrivain John Coetzee, « il faut constamment se rappeler de ce que c'est que de se trouver face-à-face avec l'État – qu'il soit démocratique ou non – en la personne du fonctionnaire. Il faut ensuite demander : qui sert qui ? Qui est le serviteur, qui est le maître ? »[1].

---

1. J. M. Coetzee, *Diary of a Bad Year*, New York, Viking, 2007, p. 15 : « you must at every moment remind yourself of what it is like to come face to face with the state – the democratic state or any other – in the person of the state official. Then ask yourself : Who serves whom ? Who is the servant, who the master ? » (je traduis).

TEXTE 1

GEORG SIMMEL
*L'espace et les organisations spatiales
de la société*[1]

Une qualité supplémentaire de l'espace qui exerce une influence capitale sur les actions réciproques en société tient au fait que, pour notre usage pratique, l'espace se divise en morceaux qui passent pour des unités et qui sont marqués par des frontières – à la fois effet et cause de ce phénomène. Même si les configurations de la superficie terrestre semblent nous préfigurer le cadre que nous inscrivons sur l'absence de frontières de l'espace, ou même si des lignes purement idéelles séparent comme une ligne de partage des eaux des portions de terrain de même nature, qui de part et d'autre de la ligne ont un autre centre de gravité, nous appréhendons toujours l'espace qu'occupe en un sens ou un autre un groupe social comme une unité qui exprime et porte l'unité de ce groupe autant qu'elle est portée par lui. Le cadre, la limite d'une entité qui se clôt sur elle-même, a pour le groupe social une importance

1. *Sociologie. Études sur les formes de la socialisation*, chapitre 9, section B « La notion de frontière » (1908), trad. fr. L. Deroche-Gurcel et S. Muller, « Quadrige », Paris, P.U.F, 2013, p. 605-608.

très similaire à celle qu'il a pour l'œuvre d'art. Il exerce auprès de cette dernière les deux fonctions qui à vrai dire ne sont que les deux faces d'une seule : délimiter l'œuvre d'art face au monde environnant et la clore sur elle-même ; le cadre proclame qu'à l'intérieur de lui se trouve un monde qui n'obéit qu'à ses propres normes et qui n'est pas entraîné dans les déterminations et mouvements de son environnement ; en symbolisant l'unité autosuffisante de l'œuvre d'art, il renforce en même temps la réalité et l'effet de celle-ci. Si bien que le fait qu'une société ait son espace existentiel borné par des lignes clairement conscientes la caractérise comme société qui a aussi une cohésion interne, et vice versa : l'unité des actions réciproques, le rapport fonctionnel de chaque élément à tous les autres trouve son expression spatiale dans la frontière qui impose un cadre. Il n'y a peut-être pas de démonstration plus claire de la force particulière de la cohésion étatique que ce caractère sociologique centripète, cette adhésion des personnes, pourtant en fin de compte uniquement psychologique, à l'image presque visuelle d'une frontière fermement marquée. On prend rarement conscience du fait étonnant que l'extension de l'espace répond ici à l'intensité des relations sociologiques, de même que la continuité de l'espace, justement parce qu'en toute objectivité elle ne contient nulle part de frontière absolue, autorise à placer partout une frontière subjective. Face à la nature, toute édiction de frontières est de l'arbitraire, même dans le cas d'une île, car en principe la mer elle aussi peut être « prise en possession ». C'est justement par rapport à cette absence de prédétermination de l'espace naturel que la rigueur absolue des frontières matérielles, une fois qu'elles sont tracées, fait si bien voir leur pouvoir de donneuses de forme de la société et leur nécessité interne. C'est pourquoi la conscience d'être à l'intérieur de frontières n'est peut-être pas si aiguë dans le cas des frontières dites « naturelles » (montagnes, fleuves, mers, déserts) que dans celui de frontières purement politiques qui ne tracent qu'une ligne géométrique entre deux voisins. Et cela justement parce que dans ce cas les déplacements de frontières, agrandissements, annexions et fusions sont beaucoup plus proches de nous, parce que l'entité politique se heurte à ses extrémités à des frontières vivantes, efficaces psychiquement, qui n'opposent pas seulement une résistance passive, mais encore une répulsion très active. Toute frontière de ce genre implique à la fois la défensive et l'offensive, ou, peut-être plus exactement, elle est l'expression spatiale de ce rapport unitaire entre deux voisins pour lequel nous n'avons pas un terme unique clair et que nous pourrions définir en gros comme l'état d'indifférence entre défensive et offensive, comme un état de tension où les deux sont latents et peuvent éclater ou non. [...]

Dans tous les rapports des hommes entre eux, la notion de frontière est d'une importance capitale même si son sens n'est pas toujours sociologique ; car assez souvent elle ne signifie que le fait qu'une personnalité a trouvé ses limites, quant à sa force, son intelligence, sa résistance ou sa jouissance – mais sans qu'à ce terme s'installe une autre personnalité dont la propre frontière rendrait plus visible celle de la première. Ce dernier cas de figure, la frontière sociologique, implique une action réciproque tout à fait particulière. Chacun des deux éléments agit sur l'autre en lui fixant la frontière, mais le contenu de cette action est justement la détermination de ne pas vouloir ou pouvoir du tout agir au-delà de cette frontière, donc sur l'autre. Si cette notion universelle de limitation réciproque est tirée de la frontière spatiale, celle-ci n'est pourtant, plus profondément, que la cristallisation ou la spatialisation des processus psychiques de délimitation, seuls effectifs. Ce ne sont pas les pays, les terrains, les territoires de villes ou de cantons qui se limitent mutuellement, mais leurs habitants ou propriétaires qui exercent cette action réciproque dont je viens de parler. La coexistence de deux personnalités ou ensembles de personnalités confère à chacun une cohésion interne en soi, une dépendance mutuelle de ses éléments, un rapport dynamique entre le centre et eux ; et c'est précisément ainsi que s'établit entre les deux termes ce que symbolise la frontière dans l'espace, le parachèvement de la norme positive du pouvoir et du droit dans son propre domaine par la conscience que le pouvoir et le droit ne s'étendent justement pas jusque dans l'autre domaine. La frontière n'est pas un fait spatial avec des conséquences sociologiques, mais un fait sociologique qui prend une forme spatiale.

COMMENTAIRE

LA FRONTIÈRE [EST] UN FAIT SOCIOLOGIQUE QUI PREND UNE FORME SPATIALE

Pourquoi ce texte

L'extrait qui précède, écrit au tout début du XXᵉ siècle par le sociologue allemand Georg Simmel, présente le grand intérêt de proposer une conception non pas immédiatement « politique » de la frontière, mais d'abord sociologique. Simmel place son étude en deçà des formes particulières que peut prendre la frontière selon le contexte historique et politique du moment, et l'analyse comme une caractéristique profonde de la vie en société, inhérente à l'existence même de collectifs humains qu'elle contribue à façonner et à rendre possibles. L'extrait aide en cela à comprendre que la frontière de l'État-nation n'est qu'une des formes possibles du phénomène social qu'est la frontière – et que le concept trouve sa source dans une expérience fondamentale du collectif humain et de la dynamique psychologique de la vie des sociétés.

Écrit par un auteur qui pense dans les catégories de l'idéalisme allemand, l'extrait invite également à réfléchir à la relation entre la matérialité de la frontière dans l'espace et la frontière comme idée, comme réalité conceptuelle ou « psychique », faite de mots, d'émotions et de représentations. Parce que la société est une réalité inscrite dans et rendue possible par l'espace, la frontière elle-même est indissociablement matérielle et idéelle.

À travers cet extrait, la frontière est présentée comme l'une des manifestations empiriques fondamentales de ce qu'est une société humaine, plutôt qu'une construction extérieure et contingente : le texte nous aide en cela à identifier l'espace de jeu à l'intérieur duquel il est possible de penser des frontières plus ou moins justes, tout en reconnaissant leur caractère intrinsèque à l'expérience sociale.

C'est dire que ce texte ne nous apprendra rien de la vertu ou faiblesse de certaines manifestations spécifiques de la frontière – il se situe à un autre niveau : ce texte n'est ni un traité du politique ni une réflexion sur la justice de tel ou tel arrangement frontalier. Pour mieux comprendre les enseignements qu'on peut en attendre, il faut revenir à la démarche qui anime son auteur. Si Simmel s'intéresse aux frontières, c'est d'abord parce qu'il s'intéresse aux formes essentielles de la société. Il n'approche la question de la frontière ni en stratège militaire, ni en théoricien politique, mais d'abord en sociologue qui étudie les manifestations de la société.

Contexte théorique de l'extrait

L'extrait est issu d'un texte écrit en 1903, intitulé « L'espace et les organisations spatiales de la société », et qui comprend en son sein un autre passage fameux de Simmel, l'« excursus sur l'Étranger ». Contemporain de Max Weber et de Ferdinand Tönnies, Simmel appartient à la première génération de sociologues allemands. À ce titre, il a joué un rôle essentiel dans la définition de la sociologie comme discipline, précisant ses principes épistémologiques et son positionnement par rapport à la philosophie et à l'histoire, notamment[1]. Notre extrait fait partie de la collection que Simmel a rassemblée pour constituer le recueil *Sociologie. Études sur les formes de la socialisation.* Après un premier texte de nature épistémologique, « Le problème de la sociologie », où Simmel présente sa compréhension des caractéristiques de la sociologie comme science, dans sa différence avec les autres sciences historiques et sociales, une série d'essais propose autant de cas pratiques illustrant la conception que Simmel se fait de la sociologie comme approche scientifique. Ce texte sur la frontière peut donc être lu comme un exercice pratique de sociologie, aux côtés d'analyses portant par exemple sur la domination (chapitre 3), le secret (chapitre 5) ou la pauvreté (chapitre 7).

Parce que l'analyse de la frontière est placée sous cette lumière d'abord sociologique, elle n'est pas d'emblée reliée aux concepts clés de la politique comme l'État, le pouvoir, la légitimité. Bien entendu, les concepts politiques en tant que tels émergent naturellement dans l'analyse et sont présents en filigrane dans notre extrait. Mais il est intéressant de ne pas commencer par eux et de regarder la frontière non pas sous une de ses formes les plus prégnantes aujourd'hui – la frontière d'un État-

---

1. Avec Weber et Tönnies, Simmel a ainsi contribué à la création de la société allemande de sociologie en 1909.

nation – mais comme une caractéristique intrinsèque de
la vie sociale. Une des conséquences de cette posture
est que le texte n'est absolument pas normatif. Simmel
ne cherche pas à savoir si la frontière est « bonne » ou
« mauvaise », si elle doit être combattue ou favorisée, ou
si certaines frontières sont meilleures que d'autres. Il se
situe à un autre niveau, analytique, et cherche à décrire
le rôle que joue la frontière dans l'expérience humaine.

Pour éclairer le cheminement proposé par l'extrait,
il peut être utile de présenter d'abord quelques concepts
simmeliens, et de commenter le vocabulaire adopté
ainsi que le cadre conceptuel choisi. Ces éléments
sont introduits rapidement – l'objectif n'étant pas ici
de proposer une exégèse historique experte, mais
simplement de fournir quelques points de repère utiles
à la lecture[1].

L'extrait reflète en premier lieu l'importance d'une
notion qui se situe au cœur de la compréhension
simmelienne de la sociologie : l'« action réciproque ».
Dans le texte « Le problème de la sociologie », où
Simmel présente les fondements de sa compréhension
de la sociologie comme science autonome, la notion
d'action réciproque est proposée comme un principe
d'interprétation essentiel pour comprendre le concept
même de société : « il y a société là où il y a action

---

1. Le lecteur intéressé par Simmel est invité à se rapporter d'abord
à la Préface de L. Deroche-Gurcel à la traduction de *Sociologie*,
ou l'introduction à l'œuvre de Simmel par D. Frisby (D. Frisby,
Georg Simmel, London, Routledge, 2002) ainsi qu'à *The Routledge
International Handbook of Simmel Studies* (G. Fitzi, *The Routledge
International Handbook of Simmel Studies*, London, Routledge, 2022).

réciproque de plusieurs individus »[1]. La sociologie est pour Simmel une *manière* d'approcher certains phénomènes en cherchant systématiquement à repérer les manifestations de cette action réciproque : « Ce n'est pas son objet, mais sa façon de voir, l'abstraction particulière qu'elle réalise qui distingue [la sociologie] des autres sciences historico-sociales »[2]. Alors que d'autres sciences s'intéressent au *contenu* des relations sociales – conflit, amour, politique, argent, etc., – la méthode propre à la sociologie consiste à s'intéresser à la *forme* de ces relations, et cette forme est précisément la résultante de l'« action réciproque » des individus. Dans l'entreprise sociologique, pour Simmel, « il s'agit de dévoiler les fils ténus, les relations minimales entre les êtres humains, dont la répétition continue fonde et porte toutes ces grandes formations, devenues objectives, dotées d'une véritable histoire »[3]. Et cette action réciproque crée, maintient une unité – qui est l'unité de la société (« Car au sens empirique, l'unité n'est pas autre chose que l'action réciproque d'éléments »[4]). On le verra, cette réflexion sur l'unité, qui est créée de manière dynamique par l'action réciproque, est au cœur du texte sur les frontières, indiquant la place centrale et intrinsèque que la frontière occupe dans la constitution de la société.

1. G. Simmel, *Sociologie. Études sur les formes de la socialisation*, trad. fr. L. Deroche-Gurcel et S. Muller, « Quadrige », Paris, P.U.F, 2013, p. 43.
2. *Ibid.*, p. 47.
3. *Ibid.*, p. 57.
4. *Ibid.*, p. 57.

L'extrait révèle en deuxième lieu l'importance des catégories de la philosophie idéaliste allemande pour la pensée de Simmel. L'influence de la pensée kantienne, explicite dans l'ensemble de la *Sociologie* de Simmel, sous-tend notamment dans notre extrait l'usage du terme « espace ». L'espace ici n'est pas à prendre au sens courant d'étendue géographique, mais renvoie à une catégorie fondamentale de l'esprit humain : il traduit ce que Kant désigne comme « l'activité synthétique » de l'esprit, c'est-à-dire la capacité à articuler une diversité de représentations dans un ensemble cohérent. Ainsi, lorsque Simmel écrit que « nous appréhendons toujours l'espace qu'occupe en un sens ou un autre un groupe social comme une unité », il s'inscrit dans ce courant de pensée qui considère que l'activité synthétique de l'esprit est essentielle pour organiser notre expérience sensible et en faire une unité, dotée de régularité. Un autre écho kantien est sensible dans le type même de questions que pose notre extrait où il s'agit non seulement d'expliquer et de décrire des phénomènes, mais de demander à quelles *conditions* il est possible que de tels phénomènes se manifestent. Simmel trace ainsi explicitement un parallèle entre la question kantienne « comment la nature est-elle possible ? – c'est-à-dire quelles sont les conditions nécessaires pour qu'il y ait une nature »[1] et la question directrice qui l'occupe personnellement : « comment la société est-elle possible ? ». Suivant le modèle kantien,

---

1. G. Simmel, *Sociologie. Études sur les formes de la socialisation*, *op. cit.*, p. 64.

Simmel cherche la réponse dans une identification des « formes » qui « produisent la société ». Regarder la frontière comme une de ces formes essentielles, c'est d'emblée suggérer qu'elle n'est pas un élément contingent dont on pourrait se dispenser en décidant d'adopter des arrangements politiques différents – elle est au contraire profondément ancrée dans ces « actions réciproques » qui sont constitutives de la société.

Une autre influence intellectuelle évidente dans le texte est la pensée de Hegel, à travers l'intérêt pour la dialectique et l'attention portée à la genèse et au développement des phénomènes sociaux au cours du temps. L'extrait que nous présentons est aussi fortement imprégné d'un vocabulaire emprunté à la mécanique classique : il y est question de rapport de forces, d'énergie, d'action réciproque, de centre de gravité, d'attraction et de répulsion. On est dans une approche résolument dynamique et non statique de la frontière, comme une réalité qui émerge d'un rapport de force en constante évolution. Si on pousse la métaphore, le problème qui intéresse Simmel est d'arriver à écrire les équations qui permettent de décrire (voire projeter) l'évolution de ces formes sociologiques au cours du temps.

Notons enfin que ce concept de frontière parcourt l'œuvre de Simmel : comme soulignent les spécialistes de Simmel[1], le concept de frontière l'a accompagné durant toute sa vie intellectuelle, avec une analyse qui culmine dans son testament intellectuel, *Intuition*

---

1. Voir par exemple les travaux de N. Cantó-Milà à ce sujet.

de la vie[1]. Selon Natàlia Cantó-Milà, pour Simmel, « [l]es frontières sont des relations et la forme régulée de ces relations, rendues visibles, et parfois tangibles, expérimentables – avec des effets sur le développement futur de ces relations qui y tirent leurs racines »[2]. Tout au long de son œuvre, Simmel continuera donc à penser les frontières comme étant fondamentalement *relationnelles* : elles limitent et définissent tout en reliant. Pour citer une expression que Simmel emploiera dans *Intuition de la vie* : « Nous sommes des êtres de frontières, en tant que nous sommes des êtres de différence. ».

Venons-en à la présentation de l'extrait spécifique retenu ici, et qui se situe au milieu du chapitre « L'espace et les organisations spatiales de la société ».

Une posture de naturaliste

Un élément important pour comprendre la perspective adoptée par le texte est qu'il s'agit d'un texte avant tout descriptif : la posture adoptée par Simmel est une posture de naturaliste. Il s'agit avant tout de conduire une analyse scientifique de ce qui se donne à voir et d'identifier les concepts les plus appropriés pour comprendre la réalité humaine que nous expérimentons. L'intérêt pour la frontière est profondément lié à une curiosité pour l'expérience matérielle de l'espace physique tel qu'il se donne à vivre pour les êtres

1. G. Simmel, *Intuition de la vie*, trad. fr. F. Joly, Paris, Payot, 2017.
2. « Boundaries are relations and regulations of relations (formed relations) made visible, sometimes tangible, experienceable, and whose effects mould the further course of the relations out of which its forming stems. » (p. 62 – je traduis).

humains. Descriptive et analytique, cette perspective n'est pas neutre pour autant : il ne s'agit pas pour Simmel de mener une analyse surplombante détachée de la réalité quotidienne. Tout au contraire, Simmel étudie la manière dont l'espace se donne à vivre et à expérimenter depuis notre expérience courante. Dans ce texte, la frontière va apparaître comme structure inhérente de la manière dont nous, animaux sociaux, expérimentons l'espace quand nous vaquons à nos occupations.

Trois éléments transversaux à l'extrait retiennent particulièrement l'attention : 1) la frontière comme révélatrice du travail d'unification de la société et de distinction d'avec d'autres groupes sociaux ; 2) la double nature idéelle et matérielle de la frontière ; 3) la frontière comme réalité dynamique.

Les frontières révèlent le jeu d'unité et de différenciation des groupes sociaux

L'expression employée par Simmel au début de l'extrait est frappante : l'espace se donne à nous, dit-il, sous la forme d'une réalité « divisée en morceaux ». Notre pratique est organisée par une conception de l'espace comme fait de morceaux disjoints, et disjoints non pas tant par leurs caractéristiques physiques intrinsèques, que par le rôle que nous leur faisons jouer dans notre rapport entre groupes humains. Remarquons également le style adopté par Simmel : lorsqu'il écrit que « l'espace se divise en morceaux qui passent pour des unités et qui sont marqués par des frontières », il pose un constat plutôt que de prétendre déduire un résultat à l'issue d'une démonstration. Son texte est une proposition faite au lecteur de description de la manière dont nous éprouvons le monde. Une bonne partie de la force de conviction du texte se joue ici, selon que le lecteur se reconnaît ou non dans cette description proposée par Simmel.

Explorons plus en détail cette proposition : Simmel décrit une expérience humaine « pratique » de l'espace qui est tout à la fois naturelle et complexe. Cette expérience est celle du paradoxe de la division et de l'unité, ce qui nous renvoie immédiatement à l'influence hégélienne que nous rappelions plus haut. Pour nos fins pratiques – c'est-à-dire tant que nous sommes engagés dans l'action – l'espace est un, mais il est d'emblée coupé en morceaux. La question génétique qui intéresse Simmel est de comprendre la dynamique qui explique ce va-et-vient entre l'expérience de la pluralité de l'espace et notre capacité humaine à « unifier », ne fût-ce que temporairement, certains pans de l'espace parce que cette unification permet la vie sociale et lui donne forme. Les frontières matérialisent ces divisions qui donnent forme à l'expérience pratique du monde. Pourquoi ? Qu'est-ce qui donne cette « évidence » apparente aux frontières et à quoi les reconnaissons-nous ? C'est ici que le texte introduit une idée qui est travaillée dans tout l'extrait : cette évidence est à la fois physique et psychologique. Que la frontière corresponde à des barrières physiques ou non, nous appréhendons l'espace qu'elle délimite comme une unité « qui exprime l'unité du groupe » : c'est ce qui donne son immédiateté à l'expérience de la frontière. Cette description implique au moins deux idées complémentaires.

Premièrement, Simmel suggère que la frontière n'a de sens que par rapport au collectif humain dont elle délimite le fonctionnement. La frontière a pour nous l'immédiateté d'une expérience du monde qui est d'emblée une expérience collective et sociale. Il y a frontière, autrement dit, parce que notre expérience de vie humaine est une expérience à la fois sociale et plurielle.

En second lieu, la frontière fonctionne comme un marqueur de séparation entre les groupes, et qui, en séparant, marque l'unité de chaque partie. Nous voici au cœur de l'expérience de la frontière, y compris dans ce qu'elle a de dérangeant et problématique : la frontière symbolise la délimitation et la différence, et porte en cela avec elle la possibilité de l'hostilité et du conflit. En inscrivant la frontière si profondément dans la réalité de notre expérience sociale, Simmel nous interdit cependant de simplement balayer du revers de la main une réalité de la frontière qui ne correspondrait pas à certains idéaux d'une vie politique juste et apaisée : il nous suggère – en creux puisque le texte lui-même ne tire pas de conséquences normatives et politiques de l'analyse – que les frontières ne sont pas quelque chose dont on peut simplement se débarrasser. Tout au plus pouvons-nous réfléchir, du point de vue politique, sur les arrangements plus ou moins acceptables de cette forme fondamentale de l'expérience humaine.

En d'autres termes : la frontière est intrinsèque à la réalité sociologique (et physiologique) d'une vie humaine qui est organisée en une multiplicité de groupes distincts qui doivent se partager un espace. Elle est la manifestation de la pluralité, de la division, de la diversité de la vie sociale humaine. Pour nous, « l'espace se divise en morceaux » parce que la vie humaine se vit en groupes distincts et ces morceaux ne sont pas des unités mais « passent pour » des unités. Il y a donc bien une simplification à l'œuvre ici, rendue nécessaire par notre usage du monde. Nous faisons « comme si » il y avait une unité, parce que nous avons besoin de cette fiction créatrice qui ouvre des possibilités pratiques utiles pour la vie humaine. La question essentielle devient celle des conditions dans lesquelles nous acceptons d'adhérer ou non à cette simplification, et qui laisse entendre que, de fait, nous avons le choix d'embrasser ou non cette simplification pratique. Il existe une pesanteur pratique de la frontière : elle est commode, elle est utile, elle simplifie notre rapport pratique au monde et à toutes fins utiles nous faisons comme s'il y avait vraiment une unité. Mais nous ne sommes cependant pas tout à fait dupes ; nous pouvons nous dégager de cette fiction si nous le souhaitons.

La frontière est tout à la fois « matérielle » et « idéelle », tout à la fois fait psychologique et fait physique

Le texte présente continûment la frontière comme indissociablement physique et idéelle. Cette dualité fait écho à de multiples expériences de la frontière – et typiquement de la frontière étatique – qui présentent effectivement cette double nature : l'abstraction idéelle de la ligne sur une carte ou du traité ; mais aussi la résistance physique, la violence qui se manifeste dans le franchissement de la frontière, rendu possible ou interdit par le barrage qui s'ouvre (nos visas étaient en règle, le douanier nous a laissé passer) ou qui se referme (nous voilà dans un avion qui nous renvoie à notre point de départ).

Cette double nature « matérielle » et « idéelle » est mise en valeur par Simmel au détour d'un passage où il joue avec les limites mêmes du concept. En effet, alors que l'ensemble de l'analyse de Simmel consiste justement à regarder la frontière sous l'angle sociologique, un passage dans l'extrait s'écarte momentanément de cette posture : la frontière, reconnaît Simmel, n'est en fait « pas toujours sociologique ». Qu'est-ce que cela veut dire exactement ? Si « sociologie » pour Simmel veut dire « analyse des actions réciproques », dire que la frontière n'est pas toujours sociologique revient à reconnaître qu'elle n'est pas toujours le fruit d'une action réciproque entre individus. Il arrive que l'un des termes de la relation vienne à manquer. La frontière n'est alors rien d'autre que la marque de la fin d'un pouvoir par épuisement intrinsèque de ce pouvoir, et non pas parce qu'il a rencontré l'obstacle actif d'un contre-pouvoir. On joue ici entre le sens de frontière comme limite – « je suis, intrinsèquement, capable d'aller jusque-là et pas plus loin » – et la frontière comme séparation active entre deux entités – « j'ai rencontré un obstacle et nous nous délimitons mutuellement ». La frontière devient « sociologique » quand elle met en jeu deux réalités qui pourraient être une, mais qui décident au contraire de marquer leur différence. Cette concession est clairement une manière de marquer le périmètre de ce qui intéresse ici Simmel : le cœur de son analyse, ce n'est justement pas la limite extensive qui se marque par épuisement du pouvoir, c'est la frontière comme incarnation d'une relation physique de force réciproque entre deux groupes.

Simmel cherche alors à montrer que cette réalité de la frontière peut prendre des formes concrètes très différentes. La réalité physique de l'obstacle naturel – fleuve, montagne difficilement franchissables – se situe à un extrême du champ des possibles, tandis qu'au contraire, le pur concept qu'incarne une ligne de séparation abstraite au milieu d'un espace physique homogène – mer ou désert – représente l'autre extrême. Mais Simmel ne mentionne cette diversité apparente de formes de la frontière que pour la minimiser aussitôt : dans son analyse, cette différence est au fond secondaire. Au contraire, moins la frontière a de résistance naturelle, plus elle est idéelle, mieux on perçoit sa réalité sociologique profonde de « donneuse de forme ».

Simmel, pendant tout le texte, évite de résoudre pleinement la question de l'origine et se refuse à dire clairement ce qui est premier dans la frontière – spatialité ou sociologie. Les deux sont vrais : la différence sociologique entre les groupes les conduit à définir la frontière ; mais l'existence d'une frontière spatiale est aussi ce qui produit la différence des groupes et l'invite à se manifester. La réalité spatiale de la frontière « agit fortement en retour sur la conscience du rapport des deux parties ». En explorant cette interaction entre espace et psychologie, Simmel explore les relations entre extension dans l'espace et intensité psychologique. L'adage commun « loin des yeux, loin du cœur » a des déclinaisons et des variations d'intensité : ce qui compte comme « loin » nous renseigne sur la profondeur, la robustesse du lien psychologique, et donc la constance, la consistance du groupe. Jouons un instant en idée avec les deux extrêmes : imaginons, d'une part, un groupe qui n'existe que quand il est physiquement dans le même espace, et qui se dissout aussitôt qu'une distance physique sépare ses membres ; et, d'autre part, un groupe dont le lien est si fort, que même un éloignement physique prolongé ne remet pas en cause la réalité du groupe comme tel : ce groupe existe de manière purement psychologique et la réalité idéelle lui suffit. Dans ces deux cas extrêmes, la frontière au sens où nous l'entendons n'a pas beaucoup de sens. Cela nous indique en retour le rôle que joue la frontière dans toutes les autres situations intermédiaires. Cela ouvre aussi la possibilité intéressante d'avoir des frontières différentes superposées sur le même espace, dans la mesure où la nature des groupes peut être différente : les frontières délimitent le semblable ; mais si les groupes sont de nature hétérogène, alors des configurations de frontières différentes peuvent co-exister sur le même espace physique.

La frontière comme une réalité dynamique

On le commentait en introduction : le texte regorge du vocabulaire de la mécanique classique. Les forces qui s'opposent ici, dans un équilibre instable et changeant, sont les collectifs sociaux auxquels la frontière donne une unité. Si les frontières sont tout sauf statiques, c'est qu'elles sont les manifestations de ces forces sociales actives qu'elles contribuent également à renforcer. Selon la belle expression employée par Simmel dans l'extrait, les frontières sont « vivantes, efficaces psychiquement ». La frontière est ce qui nous fait sentir la force (physique, réelle) d'une identité de groupe, par attraction avec notre groupe et « répulsion » de l'autre groupe. L'expérience de la résistance est partie prenante de la frontière et révèle son efficacité. Même quand la frontière paraît froide, inerte, immuable, cet « état d'indifférence entre défensive et offensive » est pourtant « un état de tension où les deux sont latents et peuvent éclater ou non » : pour Simmel, la frontière est un rapport de force momentanément arrêté et suspendu, mais qui peut toujours potentiellement s'exprimer.

En posant que la frontière est à la fois ce qui sépare de l'autre et ce qui donne « cohésion interne » au groupe social, Simmel propose ici un élément essentiel pour comprendre la dynamique de la formation des groupes, et qui résonne très fortement avec les enseignements de la psychologie sociale contemporaine, y compris les expériences glaçantes de constitution de groupes et de préjugés[1] : les groupes sont constitués par des différences, et cette constitution est un effort actif et

---

1. Pour prendre un exemple célèbre de la rapidité avec laquelle des groupes sociaux se constituent à partir des rôles qu'il leur est demandé de jouer réciproquement, voir par exemple la description par Philip Zimbardo de l'« expérience de la prison » de Stanford : il avait été demandé à des étudiants de jouer le rôle de gardiens de prison ou de prisonniers au cours d'un « jeu de rôle » expérimental. L'expérience a dû être interrompue très rapidement, devant la facilité avec laquelle certains des participants se laissaient prendre dans le jeu des identités de groupe contraposées, avec des effets redoutables. Voir P. Zimbardo, *The Lucifer Effect*, New York, Random House, 2008.

renouvelé, entretenu, joué, ritualisé. La frontière permet l'existence du groupe, et le maintien de la frontière est l'un des rituels qui permettent au groupe de continuer à exister.

Si l'on projette ces catégories simmeliennes pour penser à la dynamique contemporaine des frontières, on peut cependant souligner que ces relations entre les groupes dont les frontières sont le symptôme peuvent connaître des évolutions radicalement différentes, selon que les groupes re-jouent et accentuent leur différence réciproque, ou selon qu'ils décident au contraire de l'effacer, en constituant alors une réalité plus large, une unité plus grande. Des milliers de kilomètres de frontières ont été constitués avec la chute de l'Union soviétique, mais la frontière entre l'Allemagne de l'Ouest et l'Allemagne de l'Est est tombée, et le sens des frontières entre la France et l'Allemagne a radicalement changé. La fin de l'extrait ouvre donc sur une question que Simmel ne traite pas, et qui est de comprendre ce qui explique pourquoi « l'état d'indifférence entre défensive et offensive » tantôt s'actualise en conflit, tantôt se résorbe par une atténuation de la frontière. Si la frontière permet au groupe d'atteindre « le parachèvement de la norme positive du pouvoir et du droit dans son propre domaine par la conscience que le pouvoir et le droit ne s'étendent justement pas jusque dans l'autre domaine », la disparition de la frontière ne se fait pas seulement par conquête et par force, mais peut aussi se faire par convergence des droits.

Conclusion

Pour conclure l'analyse, arrêtons-nous pour finir sur deux formules particulièrement mémorables qui proposent l'essence du raisonnement de Simmel.

La première formule est la métaphore tout à fait frappante qui se trouve au milieu de notre extrait, Simmel affirmant que la frontière a pour le groupe social la même fonction que le cadre pour l'œuvre d'art. La métaphore peut sans doute étonner au premier abord le lecteur contemporain, parce qu'elle tranche avec l'expérience contemporaine de la frontière, qui lui associe plutôt les connotations négatives de la Real Politik que les connotations positives liées à l'appréciation de l'art. Simmel nous propose ici de voir la frontière non pas comme une cage, mais comme un écrin. Pourquoi ? En quoi la frontière a-t-elle cette fonction de « cadre » ?

La frontière est d'abord un cadre, parce qu'elle concentre le regard : elle permet, pendant un instant, de prétendre que l'entièreté du monde est à l'intérieur. La frontière, comme le cadre du tableau, répond ici au besoin qu'a l'esprit humain de se donner l'expérience d'une totalité, d'un ensemble clos, complet, homogène. On en revient à la notion d'unité qui anime le texte depuis le début, mais au sens où l'unité se fait provisoirement passer pour la totalité : le cadre permet de faire abstraction du reste, de ce qui lui est étranger et hétérogène, et de se plonger dans une expérience unifiée et réglée. Autrement dit, la frontière, comme le cadre du tableau, crée un univers qui vaut en soi. Plus précisément, la frontière permet à une normativité de s'établir et d'être, sur un espace donné, non contestée. Le cadre crée « un monde qui n'obéit qu'à ses propres normes », comme nous le commentions dans l'introduction générale du volume. La frontière permet à des règles du jeu données d'exister et de se maintenir. Elle unifie une partie du monde humain en disant « ici, les choses se passent ainsi et pas autrement ».

Cette remarque amène la deuxième nuance apportée par la métaphore du cadre. Le cadre concentre le regard, mais le cadre met en valeur et protège également : la frontière, comme le cadre, permet à quelque chose de valable, de précieux, et de potentiellement fragile, de se déployer. C'est là toute l'ambiguïté de la frontière : elle sépare et limite – mais en séparant et limitant elle permet à certaines règles de s'épanouir et de se développer. Dans certains cas elle joue le rôle protecteur d'une serre qui protège contre les éléments et permet à une complexité délicate et fragile de se déployer.

La deuxième formule mémorable, et peut-être la plus célèbre de l'extrait, traduit l'idée fondamentale selon laquelle la frontière n'est pas d'abord la manifestation contingente de certains choix politiques, mais bien une caractéristique fondamentale de la vie humaine dans sa dimension collective. En proposant l'idée que la frontière est « la cristallisation ou la spatialisation des processus psychiques de délimitation », Simmel ancre la frontière dans la naturalité de la forme de vie humaine. Il est ici utile d'expliciter les accents hégéliens du texte, avec une compréhension de la constitution de l'individu comme du collectif qui est liée à un processus d'opposition, et de délimitation réciproque.

La belle formule « La frontière n'est pas un fait spatial avec des conséquences sociologiques, mais un fait sociologique qui prend une forme spatiale » conduit à une conclusion : il est aussi impossible de se débarrasser des frontières que de modifier par un *fiat* la psychologie humaine collective. Il y a des frontières parce qu'il y a des processus de détermination réciproque et de séparation réciproque des groupes humains. C'est aussi dire qu'il y a une réalité profondément active et dynamique de la frontière, qu'il faut comprendre non pas sous l'angle statique mais au contraire sous un angle de rapport de forces constamment mouvant, sous la notion d'« énergie vivante ».

À suivre l'argumentation de Simmel, il existe donc bien, en réalité, une forme de « naturalité » de la frontière : non pas au sens où on l'entend le plus souvent, la frontière étant d'autant plus naturelle qu'elle correspondrait à une caractéristique physique du paysage. Mais au sens où, pour les animaux que nous nous trouvons être, la frontière est une des manifestations de notre forme de vie et de la manière dont nous organisons notre rapport à l'espace. S'il est vrai que Simmel rejette, après bien des auteurs, l'illusion de l'existence de frontières politiques naturelles puisque « Face à la nature, toute édiction de frontières est de l'arbitraire », sa réflexion pointe cependant vers une autre forme de naturalité de la frontière : non pas celle de la nature matérielle, mais celle de la nature humaine. Si aucune frontière spécifique n'est naturelle et que toutes sont à cet égard arbitraires, le fait même de la frontière est au contraire profondément naturel et nécessaire – au sens du contraire de contingent. Cette idée sera exprimée à nouveau dans un des derniers textes de Simmel, *Intuition de la vie* : « En effet, si la limite est certes nécessaire en tant que telle, chaque limite spécifique, prise individuellement, peut être outrepassée, chaque identifiabilité peut être dépassée, chaque barrière enjambée ; et chaque acte de ce type, bien sûr, trouve ou crée une nouvelle limite ».

Explicitons pour finir le seuil sur lequel nous laisse le texte. On l'a dit dès l'introduction : il ne s'agit pas d'un texte de théorie politique, mais de philosophie sociale ; la frontière n'y est pas analysée comme un des objets d'une théorie de la justice politique mais comme une des catégories fondamentales de la vie collective. Après nous avoir proposé de voir dans la frontière une réalité qui émerge naturellement du fait de la pluralité des groupes sociaux, Simmel laisse donc le lecteur avec une question ouverte : si les frontières comme formes sont intrinsèques à la vie sociale, que peut-on dire de la diversité des incarnations concrètes de cette forme ? Certaines sont-elles créatrices de valeur ? Certaines sont-elles source d'injustice ? On ne trouvera pas de réponse à ces questions dans cet extrait – mais le second extrait proposé nous engagera au contraire résolument sur ce terrain.

TEXTE 2

Joseph H. Carens
Étrangers et citoyens : un plaidoyer en faveur de l'ouverture des frontières[1]

Les frontières ont des gardes et ces gardes ont des fusils. C'est un fait évident de la vie politique, mais un fait que nous perdons facilement de vue – du moins ceux d'entre nous qui sont citoyens des prospères démocraties occidentales. [...]

Une tension profonde existe en effet entre le droit à la liberté d'association et le droit à l'égalité de traitement. Une façon d'aborder cette tension consiste à soutenir que la liberté d'association prévaut dans la sphère privée, tandis que l'égalité de traitement prévaut dans la sphère publique. Vous pouvez choisir vos amis sur la base des critères qui vous plaisent, mais vous devez traiter tous les candidats de façon impartiale lorsqu'il s'agit de les sélectionner pour une charge publique. S'il est vrai que la frontière entre le public et le privé s'avère souvent problématique à tracer, il est toutefois évident que les clubs se situent normalement à une extrémité

---

1. « Étrangers et citoyens : un plaidoyer en faveur de l'ouverture des frontières » (1987), *Raisons politiques*, trad. fr. M. Rüegger, vol. 26, 2, 2007, p. 11.39 – Publication originale 1987 dans *The Review of Politics*.

de l'échelle et les États à l'autre. Le fait que des clubs privés puissent admettre ou exclure qui ils veulent ne nous dit donc rien sur les normes d'admission qui sont appropriées pour des États. Lorsque l'État agit, il doit traiter les individus de manière égale.

Face à cela, on pourrait rétorquer que l'exigence d'égalité de traitement ne s'applique entièrement qu'à ceux qui sont déjà membres de la communauté. C'est exact en tant que description de la pratique actuelle, mais la question est précisément de savoir pourquoi il devrait en être ainsi. Il fut un temps où l'exigence d'égalité de traitement ne s'étendait pas complètement à certains groupes (les ouvriers, les Noirs, les femmes). Considérée dans son ensemble, l'histoire du libéralisme révèle une tendance à une compréhension toujours plus étendue de la sphère publique et des exigences de l'égalité de traitement. Aux États-Unis, par exemple, et contrairement à ce qui était vrai autrefois, les organismes publics et les sociétés privées n'ont plus le droit aujourd'hui d'écarter les femmes en tant que telles (alors que les clubs privés le peuvent). Un commerçant blanc ne peut plus refuser l'entrée de son magasin aux Noirs (alors qu'il peut leur refuser l'entrée de son domicile). Ces développements récents, au même titre que l'extension du droit de vote autrefois, reflètent selon moi quelque chose d'essentiel dans la logique interne du libéralisme. L'extension du droit d'immigrer relève de la même logique, celle de l'égalité de traitement des individus dans la sphère publique.

Comme je l'ai noté au début de cette section, Walzer soutient que les principes de justice n'autorisent pas une communauté politique à refuser aux travailleurs immigrés permanents la possibilité d'acquérir la nationalité. On ne sait pas clairement si cette affirmation est censée s'appliquer à toutes les communautés politiques ou seulement aux communautés comme les nôtres. Si les États possèdent un droit à l'autodétermination entendu au sens large, ils devraient avoir le droit de choisir des formes et des pratiques politiques différentes de celles des démocraties libérales. Cela comprendrait vraisemblablement le droit d'instaurer des catégories de citoyens de seconde classe (ou du moins de travailleurs immigrés provisoires) et celui de déterminer d'autres aspects de leur politique d'admission en fonction des principes qui leur sont propres. En revanche, si la question est de savoir ce que notre société (ou une société qui partage les mêmes valeurs fondamentales) devrait faire, alors l'enjeu est différent aussi bien pour les travailleurs immigrés que pour les autres étrangers. Il est juste d'affirmer que notre société devrait permettre aux travailleurs immigrés d'accéder à la pleine citoyenneté. Toute autre politique serait incompatible avec nos principes démocratiques libéraux. Une politique d'immigration restrictive ne ferait pas exception à la règle.

Toute approche qui, comme celle de Walzer, puise ses fondements dans la tradition et la culture de notre communauté doit – et c'est un paradoxe méthodologique – faire face au fait que le libéralisme constitue une composante essentielle de notre culture. La formidable popularité intellectuelle de Rawls et de Nozick, de même que l'influence persistante de l'utilitarisme, témoigne de leur capacité à exprimer des compréhensions et des significations partagées dans un langage auquel notre culture confère pouvoir et légitimité. Ces théories n'auraient pas une telle signification pour un moine bouddhiste dans le Japon médiéval. Leurs hypothèses individualistes et leur formulation dans le langage de la raison universelle et anhistorique n'ont de sens pour nous qu'en raison de notre tradition, de notre culture et de notre communauté. Des restrictions à l'immigration seraient peut-être plus faciles à justifier pour des personnes appartenant à une tradition morale différente, qui suppose des différences morales fondamentales entre ceux qui font partie de la société et ceux qui n'en font pas partie. Les autres pourraient alors simplement ne pas compter, ou du moins ne pas compter autant. Nous, à l'inverse, parce que nous sommes le produit d'une culture libérale, ne pouvons pas débouter les étrangers au motif qu'ils seraient différents.

Davantage encore, prendre notre communauté comme point de départ revient à choisir une communauté qui exprime ses conceptions morales sous la forme de principes universels. Les propres arguments de Walzer en sont d'ailleurs une illustration. Lorsqu'il affirme que les États ne peuvent pas expulser des habitants qu'une majorité de la population ou qu'un nouveau gouvernement percevrait comme des étrangers, Walzer formule une proposition dont la vérité ou la fausseté vaut pour n'importe quel État, et non uniquement pour le nôtre ou ceux qui partagent nos valeurs fondamentales. Il développe son argumentation en faisant appel à Hobbes et s'inscrit ainsi dans une tradition particulière qui n'est pas nécessairement celle des États qui souhaitent expulser certains de leurs résidents. Walzer n'en énonce pas moins une affirmation à prétention universelle (et qui me semble juste). C'est un argument de même ordre qu'il avance lorsqu'il affirme que les États n'ont pas le droit de restreindre l'émigration. C'est une conclusion qui s'applique à toutes les communautés politiques et non seulement à celles qui partagent notre conception des rapports entre l'individu et le collectif.

LES FRONTIÈRES ONT DES GARDES
ET CES GARDES ONT DES FUSILS

L'extrait de Carens est intéressant pour les raisons inverses du texte précédent : là où Simmel nous invitait à penser la frontière comme un fait sociologique fondamental en détournant notre regard de la forme particulière de la frontière de l'État-nation, Carens nous force au contraire à regarder la réalité brutale de la frontière étatique et ses effets sur notre monde contemporain. Là où le texte de Simmel était avant tout guidé par une curiosité analytique, cherchant à comprendre la dynamique des frontières dans les sociétés humaines, Carens écrit un texte profondément normatif et avant tout motivé par l'urgence d'une question politique face à une injustice profonde. Le texte de Carens répond à un outrage moral – à une révolte face à une injustice insupportable et au caractère inacceptable de la force arbitraire. Enfin, dernier point d'intérêt, le texte de Carens aborde la question des frontières comme un problème de justice politique qu'il analyse avec les catégories de la philosophie politique analytique contemporaine : l'arrière-plan est la *Théorie de la Justice* de Rawls – texte fondateur par rapport auquel se situent aussi bien disciples que critiques. Les deux auteurs que Carens commente explicitement dans son texte, Nozick et Walzer, s'inscrivent dans ce champ conceptuel déterminé par le cadre de travail rawlsien, qu'ils le critiquent ou l'approuvent. C'est donc un texte qui permet de tester les limites de notre paradigme contemporain de la justice politique et ce fait, bien pointé du doigt par Rawls lui-même, que la théorie de la justice « s'arrête aux frontières ».

Contexte théorique de l'extrait

Professeur de science politique au Canada, Joseph H. Carens a proposé tout au long de sa carrière une réflexion particulière sur les questions d'immigration. Carens est notamment connu pour avoir argumenté puissamment en faveur de l'ouverture des frontières et du caractère illégitime des actuelles distinctions entre « étrangers » et « citoyens » : son œuvre est en cela une réflexion sur ce qui détermine le périmètre de la communauté politique. Qu'est-ce qui justifie que nous nous sentions tenus à des droits et devoirs réciproques avec certaines personnes et non d'autres ? Comment assurer que cette détermination des limites du collectif politique obéisse à des considérations justes et éthiques ? Ses arguments essentiels ont notamment été exposés dans deux ouvrages qui ont fait date en matière de théorie politique appliquée aux questions d'immigration : *Immigrants and the Right to Stay*, en 2010, et *The Ethics of Immigration*, en 2013. Le présent extrait est issu d'un article de 1987, donc largement antérieur aux deux ouvrages, et traduit les premières formulations du problème par Carens.

Un élément déterminant du texte est de comprendre que sa genèse, son moteur principal, vient de la réaction à une actualité précise : la réalité du passage de frontière illégale de migrants d'Amérique du Sud vers l'Amérique du Nord. Comme l'a explicité Carens dans un texte plus tardif, la motivation de l'article de 1987 est une réaction émotionnelle face à un sentiment d'injustice :

> Lorsque j'ai commencé à réfléchir à l'éthique de l'immigration il y a quelques années, ma motivation était ma perplexité face à la première crise des réfugiés haïtiens à la fin des années 1970 [...]. Je me sentais déchiré entre le sentiment qu'il était mal d'exclure des gens qui étaient si évidemment dans le besoin, et le sentiment qu'admettre toutes les personnes dans les mêmes circonstances serait ingérable, et causerait du tort, tout particulièrement, à ceux qui sont déjà les plus désavantagés en Amérique[1].

La description de Carens résonne toujours juste : la réalité du monde choque nos intuitions morales, et la théorie disponible peine à proposer un cadre satisfaisant pour accommoder ce sentiment d'injustice.

L'extrait que nous proposons est une pièce d'un débat intellectuel plus large et qui se joue à plusieurs voix : celles de Rawls, de Nozick et de Walzer.

---

1. « When I started thinking about the ethics of immigration many years ago, I was motivated by my puzzlement about the first Haitian refugee crisis in the late 1970s [...] I fet torn between the sense that there was something wrong in excluding people in such obvious need and the feeling that admitting everyone with comparable claims would be overwhelming and would be especially harmful to those already most disadvantaged in America » (« Reconsidering Open Borders », *International Migration Review*, vol. 33, 4, 1999, p. 1082-1097 – je traduis).

La toile de fond commune est posée par John Rawls dans la *Théorie de la justice* en 1971, avec une réflexion sur les principes de la justice politique qui doivent prévaloir *au sein* d'une communauté nationale constituée. Notons que l'article de Carens précède de plusieurs années *The Law of Peoples*, où Rawls a cherché à étendre sa réflexion sur la justice au-delà des frontières nationales, et qui sera publié en 1993. Ce dont dispose Carens à la date de l'article, tout comme les auteurs contemporains avec lesquels il débat, est donc la puissante architecture théorique rawlsienne de 1971, articulée autour des deux principes de justice que nous rappelions dans l'introduction générale (le principe d'égale liberté et le principe de différence), et qui ne dit rien des relations entre citoyens et étrangers, ni des relations entre communautés politiques sur la scène internationale.

Dans l'extrait qui nous intéresse, Carens fait explicitement référence à deux auteurs qui ont contribué à structurer le débat intellectuel autour de Rawls. Le premier, auquel l'extrait ne fait qu'une référence en passant, est Robert Nozick, dont l'ouvrage *Anarchie, État et utopie* publié en 1974 propose une critique de *La Théorie de la Justice* d'un point de vue libertarien. Plaidant pour un État minimal qui, contrairement à l'État rawlsien, ne défend pas les principes égalitaristes de redistribution, mais simplement la liberté de l'individu, Nozick remet donc largement en cause le « principe de différence » rawlsien et sa prétention à limiter les inégalités sociales à ce qui bénéficie aux plus désavantagés. Dans *Anarchie, État et utopie*, Nozick lui-même ne commente explicitement que l'émigration, et pas l'immigration. Sa position sur l'immigration est donc déduite par Carens des principes fondamentaux du raisonnement libertarien. Dans l'interprétation que Carens donne de la position libertarienne, il ne peut pas exister un droit collectif d'exclure : l'État minimal n'est pas fondé à contrôler les mouvements des individus, et, si les individus sont libres de limiter l'accès à leur propriété, ce ne peut pas être sur le fondement de raisons qui ne s'appliqueraient qu'aux étrangers par opposition aux nationaux. Ainsi, le libertarisme de Nozick, tel que Carens l'interprète, ne permet pas de fonder un droit *collectif* à exclure les étrangers.

L'autre auteur mentionné dans l'extrait y joue un rôle plus structurant : il s'agit de Michael Walzer, déjà évoqué dans l'introduction générale comme le défenseur d'une approche souvent qualifiée de « communautariste ». Un point d'écart majeur avec l'approche rawlsienne tient au poids central que Walzer donne à la culture collective comme un bien fondamental qui limite l'importance primordiale donnée à la liberté individuelle. Le premier effet de cet accent placé sur la culture collective est qu'il remet en cause la prétention rawlsienne à proposer des principes de justice qui seraient universellement valides. Le deuxième effet, et qui est directement pertinent pour la question qui nous occupe ici, est d'aborder la question de l'immigration en observant non seulement les effets des régulations frontalières sur les individus particuliers, mais également sur les collectifs et les cultures.

La question des frontières
   comme question éthique

La formule frappante qui ouvre l'extrait et l'article
dans son entier, « Les frontières ont des gardes et
ces gardes ont des fusils », ancre la réflexion dans
la réalité d'une violence politique : à la différence
du texte de Simmel, la frontière n'est pas un objet de
curiosité, mais bien d'inquiétude. Elle est d'abord le
signe d'une réalité insatisfaisante, faite de conflits. Le
passage qui suit immédiatement cette formule dans
l'article – et que nous avons coupé ici – précise en face
de qui se trouvent ces « gardes qui ont des fusils » :
de candidats à l'immigration démunis et vulnérables.
Nous commentions dans l'introduction générale que la
réflexion sur les frontières ne peut pas se conduire sans
une conscience aiguë des circonstances concrètes du
monde : de fait, le texte de Carens prend tout son sens
dans un contexte empirique bien spécifique, qui est celui
des inégalités de niveaux de vie à l'échelle mondiale. La
question économique est donc identifiée comme un des
déterminants massifs du problème de l'immigration.

La question que pose ensuite Carens dans l'article
situe d'emblée le raisonnement sur le plan moral – ce
qui constitue une autre différence marquante avec le
texte de Simmel : « Quelles raisons morales permettent
d'exclure ce type de personnes ? Qu'est-ce qui pourrait
donner le droit de les mettre en joue ? ». Soulignons
l'épithète « moral » ici utilisée par Carens : il ne s'agit
pas seulement d'interroger la légitimité politique, dans
le cadre normatif dont nous disposons et qui est celui
de la théorie de l'État-nation, mais bien de revenir

aux fondements éthiques des relations de pouvoir structurées entre individus et collectifs. À l'évidence, la réponse classique qui consiste à dire que le droit d'exclure est constitutif de la souveraineté nationale ne suffira pas à clore la question : Carens remet en question le cadre même de ce droit de l'État souverain, et suggère qu'il est illégitime en termes *moraux*, sur un plan qui est celui du respect des droits humains fondamentaux.

La liberté de mouvement
comme position par défaut

Comme souvent en théorie politique, l'argumentation se joue de manière essentielle au moment de déterminer où se situe la charge de la preuve. Si on prend comme point de départ le droit souverain de l'État à exclure, alors la charge de la preuve se trouve du côté du candidat à l'immigration, qui doit montrer soit que ses droits fondamentaux sont menacés (le cas des réfugiés), soit que sa présence sera bénéfique pour la communauté qu'il souhaite rejoindre (le cas des politiques migratoires de nombreux pays contemporains qui facilitent l'entrée de qui peut démontrer des compétences professionnelles spécifiques par exemple). Carens propose dans son article de prendre le point de départ inverse en posant le principe que « Les frontières devraient généralement être ouvertes. Les individus devraient normalement être libres de quitter leur pays d'origine et de s'installer dans un autre pays, en étant sujets soumis dans leur nouveau pays seulement aux contraintes qui s'appliquent aux citoyens actuels ». Autrement dit, Carens renverse la charge de la preuve : revenant aux sources de la théorie politique moderne, il pose la liberté de mouvement comme un droit premier, et suggère qu'il revient au pays qui accueille de démontrer en quoi il existerait une bonne raison d'exclure celui qui se propose de s'y installer et accepte de respecter les régulations existantes.

Une bonne part de la force argumentative du texte de Carens repose alors sur la mobilisation d'une comparaison : « La citoyenneté dans les démocraties occidentales contemporaines est l'équivalent moderne d'un privilège féodal – un statut hérité qui améliore considérablement ses chances dans la vie ». Deux points méritent commentaire ici. Le premier, évident, est le recours à l'idée que la justice est incompatible avec le maintien de l'arbitraire de la naissance. Il est injuste de laisser cet arbitraire peser sur les destins, s'il est possible de le corriger en partie par les arrangements institutionnels. En mobilisant la notion de lutte contre les privilèges et l'arbitraire, Carens propose de voir la question de la justice migratoire comme une étape supplémentaire de la longue lutte pour l'égalité démocratique, qui se déroule depuis le XVIIIᵉ siècle en procédant par une compréhension de plus en plus inclusive de la citoyenneté.

Le deuxième point qui mérite commentaire est que, dans la lecture que propose Carens, le monde est implicitement divisé en deux : un monde occidental démocratique privilégié, et le reste. Écrit du point de vue des privilégiés, le texte est empreint d'un sentiment de culpabilité. Et, d'un point de vue purement économique, le monde de 1987, qui est celui dans lequel écrit Carens, est objectivement fait de démocraties occidentales considérablement plus riches que les autres pays. Cependant, cette manière de poser le problème est aussi porteuse d'un jugement de valeur implicite dont il convient de se méfier, avec une forme de misérabilisme qui marque une bonne partie de la production intellectuelle occidentale sur les migrations. Traiter la question de la justice frontalière depuis le sentiment de culpabilité de celui qui se sent privilégié, c'est courir le risque inconscient de sous-estimer les ressources, l'agentivité et les opportunités de ceux qui ne font pas partie de ce monde du privilège. Près de 40 ans après l'article de Carens, dans un monde où les inégalités économiques se sont accentuées, complexifiées et redistribuées, cette division du monde entre des « privilégiés » et des « migrants » apparaît comme une simplification qui fausse en partie le raisonnement et contre laquelle il convient de se garder : d'abord, la géographie du privilège s'est en partie transformée à la mesure qu'évoluent les statuts économiques des pays ; ensuite, les données montrent que les flux migratoires sont bien plus importants entre des pays qui ont le même niveau de développement économique ; enfin et surtout les études sociologiques montrent que les migrants ne sont pas systématiquement les plus désavantagés de leur pays d'origine (la mobilité demande un minimum de ressources économiques et sociales).

*De l'égale valeur morale
des individus à la liberté de mouvement*

Une fois restitué ce point de départ dans l'expérience d'un sentiment d'injustice, Carens propose une mécanique argumentative très systématique. Avant de s'atteler à l'objection communautariste qui va retenir l'essentiel de son attention, l'article s'emploie d'abord à démontrer que ni les approches *rawlsiennes*, ni les approches *libertariennes* comme celles de Nozick, ni les approches strictement *utilitaristes* n'offrent d'argument solide permettant de justifier les limites actuellement posées à l'immigration.

Toutes ces approches intellectuelles, malgré leurs considérables différences, partagent en effet un fondement théorique commun : la reconnaissance de l'égale valeur morale des individus, qui a priorité sur la communauté. La démarche de Carens consiste à montrer qu'il est incohérent, pour des théories qui acceptent ce principe fondamental d'égalité morale, de conclure ensuite au droit d'exclure de l'État souverain. Carens montre assez rapidement dans l'article que la restriction de l'immigration est incompatible avec la primauté des droits de propriété individuelle postulée par l'approche libertarienne de Nozick : dans cette lecture libertarienne, l'État n'a pas d'autre fonction que de défendre les droits fondamentaux des individus et les conditions d'exercice de leur liberté. À ce titre, dans cet environnement théorique, l'idée même que l'État traite différemment citoyens et étrangers est illégitime : aussi longtemps que les individus ne violent pas la liberté et les droits d'autrui, l'État n'est pas fondé à intervenir.

De même, si l'on cherche à étendre les deux principes de justice rawlsiens (principe d'égale liberté et principe de différence) dans un contexte international, rien ne permet de justifier le droit d'un État à ouvrir et fermer ses frontières à volonté. Carens propose en d'autres termes d'étendre aux questions de justice internationale l'exercice de pensée rawlsien : « bien des raisons qui font que la position originelle est utile pour réfléchir aux questions de justice au sein d'une société donnée la rendent également utile pour réfléchir aux questions de justice entre des sociétés différentes ». Rawls a fait progresser le raisonnement sur la justice politique nationale en proposant l'exercice de pensée selon lequel les individus cherchent à déterminer les principes de justice en prétendant ignorer leur statut social : Carens suggère ici que l'exercice de pensée proposé par la « position originelle » est également porteur d'enseignements pour le contexte international. Nous aurions tout à gagner à penser les principes de justice appliqués aux migrations en prétendant ignorer notre position initiale sur le globe.

Enfin, les approches utilitaristes, qui consistent à maximiser l'utilité produite par différents arrangements institutionnels, devraient logiquement considérer non seulement le point de vue des citoyens, mais également celui des étrangers. En ajoutant dans le raisonnement l'utilité des étrangers, qui a autant de poids que l'utilité des citoyens, le résultat, selon Carens, est à nouveau favorable à un principe d'ouverture *a priori* des frontières.

L'objection communautarienne

Carens s'attache ensuite à une objection de type différent, qui est celle du défi communautarien proposé par Walzer. La question de fond est cette fois de savoir s'il est légitime d'étendre, au-delà des frontières d'un État moderne, les théories libérales sur lesquelles il fonde sa souveraineté. Il ne s'agit pas de questionner la cohérence interne du raisonnement, mais de demander si le principe initial (une égale valeur morale des individus qui primerait le collectif) peut avoir valeur universelle. Si les questions de justice, contrairement à ce que proposait Rawls, ne peuvent précisément *pas* être traitées derrière un voile d'ignorance, mais doivent être instruites depuis une culture collective, déterminée historiquement, alors le droit de mobilité d'une communauté à l'autre est subordonné à des conditions culturelles. Comme le résume Carens : « La thèse centrale de Walzer est que l'exclusion est justifiée par le droit des communautés à l'auto-détermination ». On n'oppose donc plus simplement le droit d'un individu au droit d'autres individus ; on oppose le droit d'un individu à celui d'un *collectif*. L'extrait proposé ici restitue précisément ce moment plus complexe de l'argumentation, où Carens affronte l'objection communautarienne.

La première phase du raisonnement consiste à distinguer deux types de collectifs : les collectifs qui sont constitués librement par les individus sur le fondement d'intérêts communs (l'exemple étant ici le club ou l'association privée) ; les collectifs politiques qui existent pour défendre les droits fondamentaux de l'individu (l'exemple typique étant ici l'État). La question est de savoir s'il est justifiable d'assimiler la collectivité politique à un club ou non. Si on admet qu'un club, étant une libre association d'individus sur la base d'intérêts partagés, a le droit de déterminer les frontières de la participation et donc d'exclure des membres potentiels ; et si on considère ensuite qu'une communauté politique est comme un club ; alors on doit conclure qu'une communauté politique a le droit d'exclure souverainement. La question est donc de savoir si la comparaison entre l'État et le club est acceptable[1]. Le point principal, pour Carens, est qu'un État a précisément une fonction toute différente d'un club dans le sens où son existence n'est pas justifiée par la création d'un espace propice à la poursuite d'intérêts communs, mais plus fondamentalement par la défense des droits, d'où l'affirmation : « Une tension profonde existe en effet entre le droit à la liberté d'association et le droit à l'égalité de traitement. ». Carens ne prétend évidemment pas que toutes les communautés politiques se conforment effectivement à cet idéal ; son argument est autre : il consiste à donner un horizon de travail légitime pour toute communauté politique, qui devrait aller dans le sens de l'inclusion. C'est ici que le rappel de l'histoire de la citoyenneté occidentale, qui a procédé

1. M. Walzer, dans le chapitre 2 de *Sphères de justice*, discute trois analogues possibles pour les États : il refuse celui du « quartier » (*neighbourhood*) puisque d'après lui un quartier ne contrôle justement pas ses frontières ; il souligne pour lui l'analogie de l'État entre le « club », dans la mesure où les membres ont le droit de défendre l'entrée pour protéger leur droit de poursuivre un intérêt commun ; mais il montre que cette analogie a ses limites puisque l'État est plutôt comme une « famille » en ce qu'on considère généralement comme nécessaire d'inclure l'ensemble du groupe national ou ethnique.

par élargissements successifs depuis un noyau initial d'hommes blancs propriétaires, joue un rôle essentiel. La question posée au lecteur est bien : est-ce que l'exclusion actuelle des non-citoyens n'est pas, au fond, assimilable à l'exclusion des non-propriétaires dans les démocraties des XVIIIe et XIXe siècles ?

Carens introduit ensuite un détour argumentatif intéressant. Il fait droit momentanément à l'argument de Walzer selon lequel le raisonnement sur la justice dépend d'un contexte culturel spécifique. Or, « [t]oute approche qui, comme celle de Walzer, puise ses fondements dans la tradition et la culture de notre communauté doit – et c'est un paradoxe méthodologique – faire face au fait que le libéralisme constitue une composante essentielle de notre culture ». Si l'on accepte le présupposé communautarien, alors on ne peut peut-être pas critiquer des cultures politiques non libérales qui poseraient un principe d'exclusion des étrangers, mais on doit en revanche accepter les conséquences de la culture intellectuelle libérale. L'argument de Carens est que, sans même supposer l'universalisme des principes libéraux, un souci de cohérence interne propre à la culture politique libérale impose l'accueil des étrangers – à condition qu'ils respectent les principes politiques fondamentaux : « Nous, à l'inverse, parce que nous sommes le produit d'une culture libérale, ne pouvons pas débouter les étrangers au motif qu'ils seraient différents. ».

Le dernier paragraphe de notre extrait revient ensuite à essayer de pointer une incohérence interne dans l'argumentation de Walzer : alors même que celui-ci se situe dans une tradition intellectuelle spécifique, souligne Carens, Walzer lui-même formule bien des arguments qui ont une prétention à l'universalisme : il « formule une proposition dont la vérité ou la fausseté vaut pour n'importe quel État, et non uniquement pour le nôtre ou ceux qui partagent nos valeurs fondamentales ». Ce dernier argument appartient à un débat bien plus large, qui est celui de savoir s'il est possible ou non de formuler des principes de théorie politique de la justice qui aient une valeur universelle, ou si toute argumentation normative n'est pas au contraire limitée à la tradition culturelle et intellectuelle où elle puise son vocabulaire, ses concepts et ses questions mêmes. Mais si Carens s'adresse à des lecteurs qui font partie de cette tradition intellectuelle libérale, alors l'argument précédent suffit : la cohérence interne nous pousse à remettre en question nos propres pratiques d'exclusion aux frontières.

Conclusion

Un grand intérêt du texte de Carens est de restituer le point de départ du raisonnement sous la forme d'un dilemme moral : d'un côté, on n'a pas de bonne raison de refuser l'entrée à un individu démuni et vulnérable ; d'un autre côté, accueillir toutes les personnes partageant les mêmes circonstances semble impossible, voire dangereux et irresponsable. Face à ce type de dilemme moral, il peut d'abord être intéressant de documenter empiriquement les hypothèses mobilisées : a-t-on de bonnes raisons de croire que des régulations frontalières moins strictes produiraient un débordement qui mettrait en danger la société d'accueil ? La réponse à cette question est nécessairement contextuelle : il arrive, en effet, dans certaines circonstances bien précises et à certains moments déterminés, que les demandes d'entrées débordent provisoirement les capacités d'accueil. Il y a bien eu, en mars 2022, un moment où les capacités d'accueil polonaises ont été mises à l'épreuve par l'afflux de réfugiés ukrainiens. Mais il serait malhonnête intellectuellement de donner une portée absolue à un risque qui se manifeste en réalité de manière ponctuelle, limitée dans le temps et l'espace. La deuxième question à poser face à ce dilemme moral est alors de demander : à supposer que ce débordement se produise ponctuellement, quelle est la bonne sortie de crise ? Ici, le point de départ consiste sans doute d'abord à reconnaître que le problème a les caractéristiques d'une tragédie, c'est-à-dire d'une situation qui n'admet pas de solution satisfaisante dans l'instant. La seule solution est de travailler pour un monde où ce dilemme moral ne puisse plus se produire, où la tragédie ne puisse plus surgir, tout en reconnaissant la tragédie pour ce qu'elle est – un état du monde qui nous contraint à des comportements injustes.

L'œuvre de Carens est un effort systématique pour faire face à ce dilemme moral : décrire effectivement les difficultés pratiques de la mobilité et de l'accueil, tout en plaçant fermement la charge de la preuve du côté de celui qui exclut. Carens l'exprimera nettement dans un article de 1999, « Reconsidering Open Borders » : « Au niveau le plus fondamental, on ne peut jamais prétendre donner une justification suffisante pour une politique en disant "ceci est bon pour nous". Nous devons aussi montrer en quoi nous sommes fondés à poursuivre ce bien au prix de l'exclusion des autres »[1]. La formulation est radicale dans sa simplicité. Elle exprime un idéal moral qu'il est difficile de réfuter, mais dont on peut constater, même sans avoir une vue complètement désabusée de la politique, qu'il est rarement mis en pratique. Et c'est en cela que la discussion sur la justice des frontières trouve peut-être son intérêt principal : elle nous conduit à questionner nos principes fondamentaux de justice politique, et à formuler des lignes de conduite valables pour n'importe quel débat politique.

---

1. J.H. Carens, « Reconsidering Open Borders », *International Migration Review*, 1999 : « At the most fundamental level, it is never a sufficient justification of a policy to say "this is good for us". We also have to show why we are entitled to pursue this good by the means or at the cost of excluding others » (je traduis).

TABLE DES MATIÈRES

TEXTES ET COMMENTAIRE

Achevé d'imprimer en avril 2023
La Manufacture - Imprimeur – 52200 Langres – Tél. : (33) 325 845 892
Imprimé en France – N° 230318 – Dépôt légal :avril 2023